이석자 목사 간증 2집

무덤에서 핀 꽃

태양은 다시 떠오른다!

무덤에서 핀 꽃

태양은 다시 떠오른다!

절망의 벼랑 끝 죽음과 같은 고통은 하나님 부르심의 확성기였습니다. 회심하고 돌아오니 주님의 품속은 황금물결이는 유리 바다였습니다. 돌아보니 고난의 뒤안길은 모두가 성장시켜 주기 위한 성화의 길, 무덤에서 무지개 꽃이 활짝 피어오르는 은하수의 길이었습니다.

들어가는 첫 이야기

파노라마와 같은 인생의 끝자락에서 노을이 지는 언덕 위에 걸터앉자, 지난날을 회상해 봅니다. 수많은 날 중에서 가장 기뻤던 날이 언제냐고 묻는다면 어려서 초등학교 때 교회를 다녔던 시절이었습니다.

"엄마! 돌아오는 크리스마스 날 교회 무대 위에서 제가 무용도 하고 찬양도 불러요. 고요한 밤 무용을 하는데 하얀 치마저고리를 입어야 한대요."

한집에 두신을 섬기면 집안이 망한다며 교회 나가는 것을 반대하시던 불도인 어머니는 그래도 교회 무대 위에서 무용한다니까 막내딸을 위하여 밤새워 하얀 치마저고리를 곱게 만들어주셨습니다. 크리스마스이브 날 밤이 되었습니다. "고요한 밤 거룩한 밤" 찬양이 흘러나오면서 엄마가 만들어주신 하얀 치마저고리를 입고 무대 위에 올라가 무용하고 있었습니다. 아! 무대 아래 저 멀리 성전 마룻바닥에 많은 교인들 틈에 끼어 앉으셔서 저를 바라보며 구경하는 어머니의 모습이 보였습니다.

두 손을 높이 너울너울 저으며 고요한 밤 찬양 소리와 함께 무용하면서 엄마를 보는 순간 두 볼 위에는 눈물이 주르륵 흘러나오며 너무 기뻤습니다. 태어나서 그때가 가장 기쁘고 행복했던 것 같습니다. 어른이 되어서도 늦둥이로 주님의 사역을 활동하던 시간들이 참 행복했었습니다. 그리고 어머니를 병중에 3년을 모시면서 함께 예배드리던 시간도 행복했습니다. 어머니도 그때가 가장 행복한 모습이었습니다. 주님은 마지막 황혼 길목에서 남은 시간을 이렇게 간증 글쓰기를 내게 허락하신 일을 위해 쉼 없이 도전하며 달려가게 하심은 얼마나 감사한지 모릅니다.

진리의 길은 참으로 사람 관계에서는 외롭고 고독한 길입니다. 하지만 주님과 함께라면 너무나도 행복하고 기쁨의 세계랍니다. 이것은 세상이 주는 기쁨이 아니기 때문입니다. 간증 2집과 성시로 마칠까 합니다. 간증 1집『나는 누구인가? – 어디서 와서 어디로 가는가?』 2편은『무덤에서 핀 꽃 –태양은 다시 떠오른다』두 권과, 영성시집『추억의 보석 항아리 –영혼의 소리』이 세 권은 저의 간증 자서전이 될 것입니다. 글을 써서 출판한다는 것은 해산의 고통과 같았습니다. 논문을 쓰는 것보다 오래된 지난날들을 기억하며 온전한 자신의 창작 글을 쓴다는 것은 부족한 저에게는 더욱 힘든 작업이었습니다. 글을 써나가면서 많은 치유도 되었습니다. 주님을 위한 글이 정작 저를 위해서 글을 쓰게 하신 것은 아닌지 모르겠습니다.

마음은 진정 살아계신 하나님을 전하기 위한 목적이요, 천국과 지옥이 반듯이 있다는 것을 전하기 위한 목적이었습니다. 하지만 아버지는 저를 살피시기에 더욱 관심이 크신 것 같았습니다. 나의 육체가 다하기까지 오직 남은 시간은 죽기까지 자아를 십자가에 못 박고 날마다 부활의 승리를 거두며 주님께 나의 영혼을 모두 드릴 것입니다.

너무 늦게 서야 철이 나서 아쉽지만, 마지막 호흡하는 날까지 주님께서 원하시는 삶을 살도록 최선을 다하며 생을 마감하려 합니다. 육체의 장막이 무너지면 그토록 그리워했던 슬픔도 없고 질병도 없으며 고독함이 없는 그곳. 희락과 평강만이 넘치는, 영원한 하나님 품으로 돌아갈 것입니다.

마지막으로 독자들에게 꼭 드리고 싶은 말이 있습니다. 하나님은 정말 살아계십니다. 하나님을 만나보았느냐고요? 예, 하나님을 만나보았습니다. 하나님을 만나니 내가 보였고 내가 보이니 그분이 보였습니다. 하나님은 대우주였고 나는 소우주였습니다. 천국은 나의 고향이었으며 우주의 주인이신 그분은 내 영혼의 아버지이셨습니다.

형제 여러분! 천국과 지옥은 분명히 있습니다. 천국과 지옥을 가보았느냐고요? 예, 저는 육체와 영혼이 분리되어 직접 가보았습니다. 사후세계를 가보고서야 비로소 성경 말씀을 확실히 믿게 되었습니다. 이 책은 하나님이 없다고 하는 분이 꼭 예수님을 믿고 구원받기를 원하며 교회를 다녀도 거듭나지 않아 확신이 없는 분들은 확신 가지시기를 기도드립니다. 이것이 주님의 뜻이었고 저의 글 쓰는 목적이었습니다.

독실한 불교 신자인 어머니는 결국 칠십 세에 기독교로 개종하여 성경 90 독을 가까이 읽으면서 영안이 활짝 열려 거듭나시고 백육세에 평안히 소천하셨습니다. 목사가 되고 어머니를 천국 보내드리는 것이 나에게 있어선 인생에 최대의 기쁨이었습니다.

죽음은 또 하나의 시작이었습니다. 사후세계는 분명히 있습니다. 육체가 죽으면 영의 세계에서는 믿는 자나 믿지 않는 자나 반드시 심판이 있습니다. 그곳은 죽지 않는 곳이었으며, 시작도 끝도 없는 영원한 세계라는 것을 잊지 마세요. 또한 천국은 저세상에서만 누리는 것이 아니라 이 땅에서도 진리 안에서 자유를 누리며 현세 천국을 살 수 있다는 것을….

– 엄마가 살던 집 김포 대곶면에서
창밖에 봄비 오던 날 –

감사의 글

수많은 폭풍 속에서도 어리석고 부족했던 제가 감사하며 살아남을 수 있었던 것은 하나님의 은혜요 성령님의 도우심이었습니다. 어떠한 환경 속에서도 해맑은 웃음과 싱그러운 새 아침에 떠오르는 태양과 함께 살 수 있었던 것은, 내 안에 삼위일체 하나님이 함께하셨기 때문입니다. 내 속에 어둠보다 빛이 더 컸기 때문에 어둠을 이길 수 있었던 것입니다. 말씀은 하늘에서 내려오는 생명의 금 동화 밧줄이었습니다. 지금까지 나를 도우시고 이끌어주신 성부와 성자와 성령님께 먼저 감사의 글을 올려드립니다.

부족한 글을 쓸 수 있도록 가르치시고 이끌어주셨던 조영갑 교수님과 함께하였던 수필 에세이클럽 문우 작가님들과 또한 시를 지도해 주셨던 목사님이시며 서울시인 대학 최병준 학장님께도 진심으로 감사드립니다. 지금은 소천하셨지만, 저를 신학에 보내어 목회의 길을 갈 수 있도록 인도해 주신 학창 시절에 교감 선생님이며 목사님이신 오동식 스승님께도 감사의 글을 올려드립니다. 더욱 감사한 것은 병중에 연로하신데도 그 먼 곳에서 광교

푸른 도서관까지 찾아오셔서 글을 보시고 “참 글을 잘 썼구나!” 칭찬해 주시고 희망과 용기를 갖게 해주신 교감 선생님 진정 감사를 드립니다.

이제 천국에서 평안히 쉬세요. 장남이라 예수 믿는 것 때문에 고등학교 시절부터 제주도 집에서 가출하여 평생을 주님의 길을 가며 목회하신 스승님 존경합니다. 안쓰러워하시며 염려해 주시던 스승님, 걱정하지 마세요. 이제 스승님은 천국 가셨지만 꿋꿋하게 용기 잃지 않고 고향으로 돌아가는 그날까지 말씀 안에서 열심히 살아갈 것입니다. 망둥이와 같이 뛰던 철부지 없는 영을 성장할 수 있도록 영성 지도자 멘토 박철수 목사님과 미국에서 소천하신 인천 산성교회 영성목회 이천수 목사님께도 진정으로 감사드립니다.

끊임없이 목회의 끈을 놓지 못하도록 잡아주시는 이성현 합 신 합동총회장님께도 진심으로 감사드립니다. 언제나 내용을 읽어주고 교정해 주며 도와준 사랑스러운 손녀딸 노엘에게도 고마움을 보내며 아울러 이 모든 영광을 삼위일체 하나님께 모두 돌려드립니다.

– 비가 갠 여름 기흥도서관에서 –

– 차례 –

들어가는 첫 이야기 4

감사의 글 8

제1부
태양은 다시 떠오른다.

1. 모든 환경 속에서 하나님의 부르심 16
2. 현역으로 순종하는 아들 29
3. 벼랑 끝에서 주님의 음성 34
4. 뉴질랜드 성전에서 하나님의 음성 50
5. 사우디아라비아 남편의 영안실 꿈 64

제2부
하나님의 신비

1. 구름 속에 나타난 예수님 74
2. 어느 화가의 변화된 삶 82
3. 공포의 기말시험 90
4. 7시간 동안의 사후세계 99
5. 까만 구렁이 꿈 107
6. 눈보라 속에서 주님의 음성 114

제3부

미국 서부 지역 찬양 선교여행

1. 콜로라도 루마니아 교회 124
2. 유타주의 어느 가난한 목사 130
3. 그랜드 케냐에서 136

제4부

추억

1. 철없던 낭만의 소녀 시절 142
2. 삶과 죽음 149
3. 학창 시절의 왕따 이야기 154
4. 어머니의 교훈과 위로 167
5. 불길한 꿈 172
6. 죽은 영혼의 목소리 179

제5부

천국과 지옥

1. 육체 속에서 영혼이 빠져나감 190
2. 일곱 산을 넘어서 빈 나룻배 190
3. 천국과 지옥 가는 두 동굴 191
4. 천국의 꽃밭과 천상의 음악 소리 193
5. 목회자 최고의 금 면류관 193
6. 천사 옷의 광채 196

– 차례 –

제6부
지옥으로 들어가는 동굴

1. 유황불 구덩이 201
2. 가시 엉겅퀴 구덩이 202
3. 똥물과 구더기가 끓는 구덩이 205
4. 독사들이 있는 뱀 구덩이 209
5. 시커먼 구렁이 구덩이 212

제7부
남태평양 건너

1. 뜻하지 않은 돌풍을 몰고 온 선교사 220
2. 어머니와 스승을 찾아 상담 223
3. 제2의 인생 한국을 떠나다. 226
4. 밴쿠버에서의 생활 229
5. 포틀랜드의 음산한 집 232
6. 회색 구렁이와 비단구렁이의 꿈 233
7. 수맥이 흐르는 집 237
8. 밴쿠버 장로교회 239
9. 성령님이 우시네요! 240
10. 밴쿠버 팀목 사역이 깨어짐 249

11. 고마움을 잊지 못할 밴쿠버 목사님과 성도들 256
12. 불가능을 가능케 하시는 하나님 낡은 똥차로 대륙을 달리다. 258
13. 아이다호에 도착 266
14. 유타주의 평화로운 사역 270

에필로그 (epilogue) 284

제1부

태양은 다시 떠오른다.

1. 모든 환경 속에서 하나님의 부르심

수많은 사람이 인생을 살아가면서 여러 가지 문제들을 만난다. 스스로 해결해 보려 하지만 그 문제 속에는 분명히 하나님의 메시지가 있었다. 깨닫고 나면 문제가 아니라 문제 속에 답이 있었다는 것을 알게 되었다.

남편 따라 정신요양소

지금으로부터 30년 전 어느 초여름 날이었다. 남편을 통하여 심한 충격과 스트레스로 인해 결국 아이들 아빠의 승용차로 인생 최악의 정신요양소로 실려 가게 된다. 어딘지도 모르는 시골 한적한 들판을 지나 달리는 차 창을 바라보며 결혼에 대한 후회와 분노 억울함과 슬픔이 가슴으로 넘쳐 눈물이 강을 이루어나갔다. 달리는 차 창밖 저 멀리 하얀 색깔로 칠한 높은 건물이 보이기 시작했다. 차는 그곳을 향해 질주해 갔다. 도착하자 문을 열고 들어가니 쥐 죽은 듯 조용했고, 정신요양소의 로비는 경기 운동장과 같이 넓었다. 남편은 나를 원장실로 데리고 들어갔다. 그는 다시 밖에 로비로 나가 있었고 나는 의사와 마주 앉았다. 원장은 나에게 이것저것 물어보았으나 아무 말도 할 수가 없었다. 말해야 초라해질 뿐이고 깊은 내면의 것과 환경을 원장이 해결해 줄 수 있는 문제가 아니기 때문이다. 또한 마음속엔 지구만 한 자존심이 들어있었다.

나의 삶은 스스로 해결해야 할 문제였다. 사람들이 해결할 문제가 아니었다. 그냥 한없이 의사 앞에서 울고 또 울기만 했다. 원장은 남편과 대화를 나누더니 나를 정신 병동으로 안내했다. 엄청난 커다란 철문이 자동으로 '철커덩'하고 열렸다. 정신요양소에 두고 가려는 남편의 모습을 보며 "아빠! 일주일에 두 번씩 병원에 왔다 가야 해" "알았어!" 남편은 짧게 대답하며 철문을 열고 들어가는 아내를 바라보며 한마디 말도 없이 묵묵히 바라보며 서 있었다. '쾅' 닫치는 철문 소리는 높다란 천정과 정신 병동 전체를 적막을 깨트리며 메아리쳐 울려 퍼져만 갔다. 점점 멀어져 가는 남편의 모습을 뒤돌아보며 병실을 향하여 올라갔다. 정신요양소에는 계단이 없었다.

올라가는 곳마다 철문 겹겹이 닫혀 있었다. 마치 오드래 헵번 파계라는 영화에서 나오는 정신 병동 분위기와 비슷하였다. 이곳은 바깥세상과 전혀 다른 행성의 나라였다. 철문을 또 열고 들어가 보니 어떤 장성한 남자가 오른손에 커다란 긴 몽둥이를 들고 앞에 우뚝 서 있었다. 환자들은 똑같은 체크무늬로 된 푸른색의 상하복을 입고 두 줄로 나란히 서서 '하나둘! 하나둘!' 모두 큰 소리로 합창하며 복도를 힘 있게 쿵쿵! 거리며 걷고 있었다. 원장은 그 광경을 보고 있는 내가 당황하고 놀랄까 봐 힐끗 내 눈치를 보았다.

"지금 저것은 점심시간 끝나고 환자들 운동을 시키는 것이에요! 무서워하지 말아요." 원장은 나에게 안심시켰다.

하지만 무섭기는커녕 인생에 또 다른 희귀한 행성의 나라에 여행을 온 것 같아 신비롭기만 했다. 원장은 나를 데리고 이곳저곳 여러 방문을 열고 보여주었다. 거기엔 알코올중독자, 마약 중독자, 심한 우울증과 정신질환자와 4명씩 있는 방도 있었고, 여럿이 함께 쓰는 방도 있었으나 독방은 보이질 않았다. 환자들의 모양은 각양각색이었다. 헝클어진 머리에 무어라 중얼중얼하는 사람도 있고, 괜스레 실실 웃는 사람도 있고, 눈에 초점도 없이 멍청하게 담벼락만 바라보고 앉아 있는 사람도 있었다. 모두가 얼굴이 무섭고 어두웠다. 마음속으로 여럿이 있는 방에 들어가 합숙하면서 저들에 마음의 상처를 위로하며 환자들의 사연을 듣고 글로 쓰고 싶었다. 도대체 이곳엔 어떠한 아픔으로 오게 되었을까? 저들의 깊은 정신의 세계가 궁금했다. 방을 다 보여준 뒤에 진료실로 의사는 나를 안내했다.

진료실은 전혀 햇빛이 들어오지 않았다. 공기도 쾌쾌하고 안 좋았다. 너무 어둡고 침침했다. 또 아주 음산했다. 의자는 딱딱하고 나무껍질이 여기저기 벗겨진 낡은 나무 침대 위에 원장은 나를 누였다. "팔을 걷어 올리세요" 의사는 나의 팔에 옷깃을 더 걷어 젖히고 혈압을 재고 있었다.

갑자기 그때다. 한 여인이 내가 있는 진료소 방을 향하여 철창살을 양손으로 붙들며 의사에게 질문하는 것이었다. "선생님, 왜 저의 남편은 오지를 않죠? 선생님이 이제 퇴원해도 된다고 분명히 말씀하셨잖아요." 얼굴도 아름답고 목소리도 낭랑하고 예뻤다. 혈압을 재던 의사 선생님은 "아! 네. 아직 퇴원이 안 돼요. 남편이 오셔야지만 됩니다."

그 여인은 철창을 붙들고 빨리 여기서 내보내 달라고 애원하는 표정이었다. 단발머리보다는 조금 어깨까지 흘러 내려와 긴 머리에 파마머리가 단정했다. 하나도 정신병자와 같이는 보이지 않았다. 눈동자를 보면 그 사람의 영혼의 상태를 알 수가 있다. 그녀는 인테리였고 아주 정상적인 아름다운 여인이었다. 정신요양소는 보호자 허락 없이는 본인 스스로 퇴원할 수가 없는 곳이었다. 외부와는 전혀 차단되는 곳이다. 여인의 모습을 보는 순간 정신이 번쩍 들었다. 갑자기 번개같이 머릿속을 스쳐 가는 어느 여인 고백의 말이 떠올랐다.

어느 여인의 고백

지난 오래전 미용실을 경영하고 있을 때였다. 단골손님이 친구의 말을 들려준 이야기다.

그녀의 남편은 사회에서 잘나가는 사람이었다. 많은 사람에게 인정받고 가정에서나 부모 형제나 모두에게 성실하고 흠이 없는 모범적인 사람이었다. 외부에서 보는 사람은 누구나 부러움에 대상인 남편이었다. 그러나 정작 그 아내는 그렇지 못하였다. 머리맡에는 약 보따리가 항상 하나 가득하고 항상 신경 안정제를 먹어야만 잠을 이루며 살아간다고 하였다. 남편은 한 번도 외박하는 일도 없고 늦게 들어오는 법이 없었다고 한다. 주말이면 가족 동반해서 외식을 시켜 주고 자녀들에게도 완벽한 아빠였다고 했다. 하지만 그녀는 원인도 모르는 병을 앓고 있었으며 심한 우울증에 몸이 수척하여 점점 건강이 나빠지게 되었다고 했다. 남편이 여자가 있다는 것으로 생각하고 있었기 때문이었다. 알고는 있었지만, 증거가 없어 가족들한테나 그 누구한테도 말하지 못했다고 한다.

그러던 중, 어느 날 심하게 남편과 다투게 된다. 아내에게 당신은 의부증에 걸린 정신병자라면서 그녀는 정신병 요양소에 갇히게 된다. 남편은 정신요양소에 입원시켜 놓고 찾아와보지도 않는다. 그녀는 한방에 우울증에 걸린 처녀와 둘이 함께 병실을 썼다. 그 처녀는 완쾌되어 어머니가 와서 퇴원하게 된다. 억울하게 정신요양소에 갇히게 된 한 여인은 병실을 함께 쓰던 처녀의 어머니께 간청한다. 미국 친구에게 전하는 편지를 써서 손에 쥐여주면서 울며 간절히 부탁한다.

"아주머니, 이 편지를 꼭 우체국에 가서 미국에 도착할 수 있도록 부쳐주세요. 저의 가장 친한 친구에게 보내는 글이에요. 이 서신은 아주머니만 아시고 간호사나 의사한테는 절대로 말하지 마세요. 내가 몇 번이고 부탁했지만, 그들은 나의 청을 들어주지 않았어요. 그러니 어머니만 아시고 아무도 모르게 미국에 있는 친구에게 이 편지가 전해질 수 있도록 부쳐주세요. 우푯값은 제가 나가서 드릴게요."

정신 병동에 함께 했던 환자의 어머니를 통해서 그 편지는 미국으로 날아가 친구가 받아보게 된다. 서신을 받아본 즉시 미국에 있는 친구는 비행기를 타고 한국에 나와 정신 병동 요양소에 있는 친구를 찾아온다. 그리고 아무도 몰래 친구 남편의 사생활을 흥신소에 맡긴다. 흥신소에 추적한 결과 아내 몰래 살림을 차리고 사는 여인이 있었다. 철저하게 사회와 가정을 속이고 완벽하게 첩을 두고 살아온 것이었다. 정신병원 원장과 간호사들과 모두 함께 다 짜고 아내를 외부로부터 차단하고 사람도 면회시키지 못하게 하였다.

미국에서 온 친구는 남편의 모든 행동이 소리 없이 친구를 서서히 죽여 가는 완벽한 정신적 살인 행동에 병원 원장과 남편을 고소하여 법으로 처리하려 했다. 그 시절 간통죄 고소하면 위자료도 없이 자동 이혼이 되어 둘이 감옥에 가야 했다. 하지만 그녀는 흐느끼면서 남편 고소하는 친구를 말렸다. 자녀들 장래에 지장이 있기 때문이었다. 애써 수고한 친구에게 결국 고소를 취하지 못하게 하고, 자신만 미국으로 데려가 달라고 간절히 울며 말한다. 그 즉시 정신 병동에 갇혔던 친구를 퇴원시켜 미국으로 함께 떠났다는 이야기다. 두 손으로 창살을 붙들고 애원하는 여인의 모습을 보고 미장원에서 들었던 지난 단골손님의 이야기가 갑자기 머릿속을 회오리바람처럼 스쳐 갔다.

정신 병동 탈출

내 남편도 큰 형부가 경영하는 지방 아파트 건축 현장 가까운 곳에 방을 얻어 다른 여자와 함께 동거하며 살면서 일하고 있을 때였다.

"아! 나도 그 꼴이 되겠구나. 그러면 여길 당장 빠져나가야 할 텐데 어떻게 빠져나가지?"

갑자기 두려운 마음이 생겼다. 남편에게 여자가 있다고 생각하기 때문이다. 어떻게 의사와 남편을 설득하지? 얼굴은 멀쩡하게 잘생기고 인상이 좋으나 영적으로는 원장이 장사꾼 같아서 이런저런 이야기하며 쉽게 내보내 줄 것 같지 않았다. 마음속으로 긴급하게 기도했다.

"주님, 저 좀 도와주세요! 저 좀 살려주세요. 저에게 지혜를 주세요!"

세상에서 나를 도울 자는 주님밖에 없었다. 좋은 생각이 바로 떠올랐다.

“그래 독방이 없지, 그러면 남편한테 독방이 없다고 독방이 생길 때 다시 오겠다고 해야겠다.” 침착한 표정으로 혈압을 다 재고 일어나서

“원장님, 저의 병실을 안내해 주세요. 저는 독방이어야지만 해요. 누구와도 함께 못 있어요.”

“아주머니! 비슷한 환자끼리 있으니까 염려 마세요. 아직 독방은 다 차서 없어요.”

“원장님, 그러면 독방이 나오면 그때 다시 올게요.”

의사는 자꾸만 6개월 치료받으면 낳을 수 있다고 설득하며 내보내 주려 하지 않았다. 그래도 의사 말을 전혀 듣지 않고 끝까지 남편을 전화로 바꿔 달라고 계속 추궁하였다. 끈질긴 성화에 원장은 남편을 할 수 없이 전화를 바꾸어주었다. 아주 밝고 낭랑한 목소리로 남편에게 말했다. 정신 병동은 외부와 차단되고 보호자 허락 없이는 나갈 수가 없는 곳이다. 이건 보통 심각한 일이 아니었다.

‘아이고, 이 어둠의 행성에 와서 정신병자들에 대해 글 쓰는 것이 문제가 아니었다. 여기 있다간 나까지 진짜 미쳐 버리겠다. 의사는 남편을 바꿔주면서 전화 통화를 하게 하였다.

"아빠!" 남편은 "왜?" 퉁명스럽게 대답한다. 나는 밝고 애교 섞인 말로 말했다. "아빠, 독방이 없대. 독방이 없으면 나는 입원 안 해 이상한 사람들하고 어떻게 함께 있어, 독방이 나오면 그때 다시 입원할 거야."라고 한참 설득했다.

드디어 남편의 허락으로 정신 병동을 다시 빠져나오게 되었다. 하나님께선 지혜를 주셔서 무사히 정신 병동에서 탈출하게 된 것이다. 한번 들어가면 보호자 승낙 없이 나오기 힘들게 된다는 것을 몰랐다. 생각만 해도 끔찍한 일이었다. 지방 건축 현장에서 2시간이면 올 수 있는 거리에서 자녀들과 함께 있는 집도 한 달에 한두 번도 오지 않고 다른 여인을 품에 안고 살아가는 사람이 정신 병동에 있는 아내에게 찾아올 리가 없다.

금일 섬에서 회복

오래전에 화실에서 함께 유화 그림을 그리며 만났던 동생이 남해 금일 섬에서 살고 있었다.

동생에게 전화 통화를 하고 금일 섬에서 한 달 휴양하기로 했다. 끝없는 녹색 들판을 지나 갈대밭이 무성한 완도를 거쳐 변산반도 해안을 끼고 긴긴 시간을 달렸다. 남해 부둣가에 도착하여 배를 탔다. 거센 파도를 헤치며 끝없는 바다, 저 멀리 작은 섬이 보이기 시작했다. 갈매기 떼들이 끼룩끼룩 반갑게 마중 맞으며 금일 섬에 도착했다. 옥란이와 함께 한 달을 바닷가에 나가 조개잡이와 바위틈에 낀 작은 바닷게 잡이를 하노라면 어느새 수평선으로 넘어가는 아름다운 낙조를 바라보며 그때 서야 옥란이 집으로 돌아온다.

그렇게 해서 나는 정신 병동을 무사히 탈출하여 금일 섬에서 자연과 함께하며 마음이 진정되어 회복되었고 남편은 두 아이와 섬으로 찾아와 나를 데리러 왔다. 정신 요양원에 들어갔으면 정말 정신이 이상이 되어서 6개월이 될지 1년이 될지 모르는 상황을 주님은 한 달 만에 자연을 통해 마음을 치료해 주시고 금일 섬을 떠나 집으로 다시 돌아오게 하셨다.

하나님의 부르심

하나님은 언제나 위급할 때마다 깊은 수렁과 어둠의 계곡에서 구출해 주셨다. 고통과 환난 가운데 주님은 끊임없이 나를 향하여 외치며 부르고 계셨으나 나는 전혀 깨닫지를 못하였다.

마지막으로 남편은 회사에 연대보증을 서준 것이 부도를 통해 집이 완전히 파산되어 이혼까지 이르렀다. 살아온 모든 삶이 죽음의 밑바닥까지 갈 때 그제야 하나님의 부르심을 깨달았다. 한 사람의 종을 세우기 위해서 그 모든 환경을 하나님께서 허락한 것이었다. 천국과 지옥을 보여 준 것은 사명 자의 길이다. 나는 세상 죄에 가려 문제 속에서 하나님의 음성을 듣지 못했다.

금일섬 휴양

모든 것은 남편의 문제가 아니라 하나님과 나와의 관계 문제였다. 하나님은 남편을 통하여 끊임없이 고난의 도구로 사용하시는 것뿐이었다. 깨닫고 철저하게 눈물로 회개하며 온전히 아버지께 돌아오니 사람으로는 도저히 불가능한 삼십이억 오천만 원 빚을 깨끗이 해결해 주셨다. 또한 미국의 아름다운 서부 지역들을 딸과 함께 여행을 보내주셨다.

어려서 동경하는 나라 콜로라도 그랜드 캐니언, 샌프란시스코, 캘리포니아를 성대하고 아름다운 찬양 사역을 통하여 오십 명 단원들과 24일 동안 미국 서부 전 지역을 수백 명, 수천 명의 기립박수를 들어가며 순회공연을 하게 하셨다. 평생 잊을 수 없는 여행이었다. 하나님은 오래 참으시고 오래 기다리는 분이셨다. 지난날을 회상해 보니 하나님께서 나를 보시고 때릴 때는 얼마나 애통해하셨을까 하고 생각하니 너무 죄송스럽고 감사하기만 하다.

고난을 통하여 구원하시는 하나님의 사랑, 나 같은 죄인을 택하시고 지명해 부르심에 대하여 한없는 은혜에 눈물만 흐르고 또 흐른다.

2. 현역으로 순종하는 아들

높푸른 하늘 위에 새털구름이 아름답게 무늬를 이룬다. 험한 세상을 성실하게 살아가는 아들을 생각하며 지난날 군 복무 이야기가 뭉게구름처럼 머릿속에 떠올랐다.

초록빛이 짙어가는 어느 한가로운 초여름 날이었다.

"엄마, 나 영장 나왔어, 그런데 방위로 나왔어." 아들은 컴퓨터 전산과 2학년이었다. 참 잘됐다고 생각했다. 4학년 졸업 후에 가는 것보다 2학년 마치고 다시 3학년에 복학하고 사회 진출하는 게 낫다고 생각했다. 그러나 문제는 방위로 통보가 왔다는 것이다. 나는 반대를 했다. 지난날 조카가 방위로 출퇴근하는 모습이 마음에 썩 들지 않았기 때문이다. 아들을 조용히 불러 거실에 마주 앉아 대화를 나누었다. 방위는 집에서 출퇴근하기 때문에 좋기는 하지만, 부모를 떠나서 혹독한 독립된 생활도 해보아야 한다. 앞으로 닥쳐올 수많은 어려운 세상을 극복하고 헤쳐 나가려면 방위는 안 된다. 언젠간 부모가 떠나면 홀로서기를 해야만 한다. 지금은 힘들고 어렵지만, 현역으로 훈련받고 군 생활을 마치고 돌아오면 어떠한 공동체라도 적응하기 힘든 현실이 닥쳐온다 해도, 그때엔 능히 극복할 수 있는 큰 힘이 되며 도움이 된다고 아들에게 말해주었다.

"그러니 세웅아, 현역으로 다시 지원하거라!" 아들은 현역으로 다시 신청하여 논산 훈련소에서 훈련을 끝내고 장성으로 교육을 받으러 갔다. 아들에겐 마음이 아프지만 앞으로 많은 산과 같은 인생을 살아가려면 현역으로 보내야만 했다. (훗날 알고 보니 방위로 영장이 나온 것은 체력이 미달하여서 나온 것을 아들은 말을 하지 않았다.)

장성 교육장에서 아들한테 전화가 왔다.

"엄마, 나 강원도 인제 지뢰 제거반으로 발령 났어요." 전화를 받는 순간 하늘이 무너지고 땅이 꺼지는 것 같았다. 전화기를 든 손은 갑자기 힘이 빠져 떨어뜨릴 뻔했다. 온몸이 부들부들 떨려 말문이 막혔다. 어떻게 아들에게 말해야 좋을지 몰랐다. 컴퓨터 전산이 전공이기 때문에 통신 계통으로 보직될 줄 알았다. 갑자기 두렵고 무서운 마음이 생겼다. 혹 지뢰라도 밟으면 어쩌나! 밤이 새도록

현역으로 순종하는 아들

뒤척이며 잠을 이루지 못했다. 편히 집에서 출퇴근하며 방위로 떨어진 것을 전방 현역으로 가라고 했으니 너무도 아들한테 미안하기만 했다. 점점 불안해졌다. 이러다가는 심한 공황장애가 올 것 같아 마음을 고쳐먹기로 했다. 부정적인 생각과 불안한 마음을 갖다주는 마음을 아주 강하게 축사 기도를 했다. 공포가 사라졌다. 참 신기하게 불안도 없어지고 마음도 평안해졌다. 애통한 기도와 확실한 믿음은 현실을 초월하는 초자연적 현상이 나타난다.

휴전선에 배치된 부대에서 한 달 만에 갑자기 전화가 왔다.

"여보세요" 딱딱하고 굵은 낯선 남자 목소리였다. "누구세요? 나는 물었다. "여기는 인제 부대인데요. 세웅이 어머니 되시죠?" 아이구나! 가슴이 또 철렁 내려앉았다. 전혀 듣지도 못한 뚝뚝한 목소리로 부대에서 갑자기 전화가 오니 불안했다. 들고 있던 전화기는 손이 마구 덜덜덜 떨고 있었다. "어머니 축하드립니다." 이건 또 무슨 소린가? "예? 무슨 축하요?" 아니 이제 한 달밖에 안 된 아들 소속 부대에서 소대장님한테 축하 전화가 온 것이다.

어리둥절하여 도대체 무슨 축하받을 일이 있나? 말단 졸병인데 너무도 이상하고 어리둥절하였다. 소대장님은 세웅이가 군종으로 뽑혔다는 것이다. 아들이 신학도 공부하지 않았는데 어떻게 군종이 될 수 있냐고 물었다. 친절한 목소리로 어머니 신앙이 좋으시고 세웅이가 부대에서 가장 모범적이어서 군종으로 뽑혔다는 것이다. 그때 나는 신학교 다니는 중이었고 전도사였을 때였다. 주님은 아들을 위한 기도를 다 이루어 주셨다. 이것은 하나님의 전폭적인 은혜였다.

군종이 된 아들은 기독교 서점에서 주는 책을 받으러 한 달에 한 번씩 자주 집에 오게 되었다. 아들이 올 적마다 서점에서 책을 받아 부대에서 가져온 더플 백에 잔뜩 담아 차에 실었다. 다시 아들과 함께 강원도 인제로 향한다. 도시를 벗어나서 흐르는 강을 바라보며 높고 낮은 깊은 계곡을 따라 달린다. 벼랑 끝 고산을 지나 오랜 시간에 걸쳐 인제 부대까지 도착하였다. 부지런히 아들을 부대에 내려주고 헤어지면서 손을 흔들어주었다. 어둡기 전에 빨리 집으로 돌아가야 하기 때문이다. 어느새 멀리 산등선 위엔 노을이 붉게 타오른다. 눈부신 황혼을 바라보며, 오른쪽은 천 길이나 되는 절벽 아래 길게 굽으러 진 인적 없는 깊은 계곡을 끝없이 달린다. 그러면 어느 사이 밤하늘에는 별똥별이 멀리서 길게 사선을 긋고 산 너머로 떨어진다. 그리고 별들이 총총히 떠서야 집에 도착하게 된다. 자식을 위한 간절한 기도가 지뢰 반에서 군종으로 보직되어 나보다 먼저 부대에 높은 단상 위에서 주일이면 찬양과 예배를 인도하고 있었다. 이 모든 것은 아들을 위한 기도와 하나님의 은혜였다.

오늘은 그렇게 지난날이 떠올랐다. 도서실 창밖을 내다보며 바람결에 떠가는 구름을 바라본다. 세월이 강물처럼 많이 흘러갔다. 아들을 현역으로 다시 보낼 땐 마음이 아팠지만 지금 생각해도 군대는 현역으로 다녀오길 참 잘했다고 생각된다. 순종해 주었던 아들이 언제나 고맙기만 하다. 얼마나 많은 부모들이 자식을 군대 보내놓고 걱정하고 염려 들을 하는가! 사람은 고난이 없으면 성장할 수가 없다. 아들을 위해서, 또한 나라와 민족을 위한 마음으로 현역으로 보냈더니, 더욱 건강하고 성숙한 모습으로 군 임무를 훌륭하게 마치고 돌아오게 되었다. 앞으로 힘들고 어려운 세상을 살아갈 때, 지난 군 생활의 훈련을 통해서 어떠한 사회생활이라도 잘 극복해 나갈 수 있으리라고 아들을 믿는다.

3. 벼랑 끝에서 주님의 음성

지금으로부터 30년 전 일이다. 사람이 살아가노라면 수많은 폭풍을 만나게 된다. 나의 인생에서도 가장 힘들고 결정적인 운명이 닥쳐왔었다. 이겨낼 수 없는 벼랑 끝에서 하나님의 음성을 듣는다. 말할 수 없는 고통은 삶을 변화시키는 원동력이 되었다.

평화로운 어느 한가로운 오후 한나절이었다. 신약성경 요한계시록 비유 풀이를 배우러 다녔다. 꿀송이보다 더 달은 말씀이 새록새록 깨달아지니, 마치 구름을 탄 듯 내 영혼이 새털같이 하늘을 날며 기쁨이 넘쳤다.

"주님, 내 잔이 넘치나이다." 라고 절로 고백이 나왔다. 갑자기 거실에서 따르릉 전화가 왔다. 동갑내기 친사촌 영숙이었다. "석자야, 네 남편이 다녔던 회사가 부도났어, 그 회사에 보증을 서주었던 중역들은 재산 다 날아갔고 사장은 중국으로 도망갔대. 혹 네 남편도 이사였는데 회사에 돈 걸린 것은 없니? 보증 서준 것은 없느냐 말이야!" 영숙이는 불안한 듯이 말했다.

"무슨 말이야 보증까지 서서 일 저지르면 어떻게 살아"

"아니, 네 남편은 말없이 일을 솔솔 저지르니까 걱정돼서 하는 말이야! 한번 알아봐." 나는 왠지 불안한 마음이 들었다. 남편은 개인 건축회사 이사로 들어갔는데 월급이 잘 안 나와서 다른 회사로 옮겼다. 퇴근하고 들어오는 남편에게 물었다. "당신 먼저 다니던 회사가 부도나서 보증을 선 직원들은 재산이 다 날아갔대. 사장은 중국으로 도망갔고, 혹 당신 그 회사에 보증 선 것 있어?"

남편 얼굴을 보니 갑자기 굳어지면서 표정이 안 좋아졌다. 가슴이 철렁 내려앉았다.

"아이코 말없이 또 일 저질렀구나!" 순간 앞이 캄캄해졌다. 남편은 하자 보수공사 이천오백만 원 보증을 섰다고 했다. 후들후들 떨리는 마음으로 집 등기부터 떼어 봤다. 이미 집은 은행권하고 보험증권 회사 건으로 두 가지로 압류가 되어있었다. 그러나 얼마나 압류되었는지 금액이 안 나와 있었다. 학창 시절에 가장 친했던 성가대 친구에게 일어난 일들을 모두 이야기하며 전화했다. "석자야 절대로 운전하지 마!" 전화를 끊자마자 친구는 총알같이 날아와 나를 태워 차를 몰고 서초동 법원으로 달려가 서류를 떼어 받아보았다. 서류를 보니 보증한 것이 모두 삼십이억 오천만 원이나 되었다. 순간 나는 그 자리에서 서류를 든 채 정신을 잃고 쓰러지고 말았다. 눈을 떠보니 로비 소파에 누워있었다.

"석자야, 정신이 드니 괜찮아?"

옥순 이는 나를 향해 걱정스러운 듯 손을 잡으며 바라보고 있었다. 사람들은 내 주변에 갑자기 몰려와 병원에 안 가도 되느냐고 웅성웅성했다. 나는 벌떡 일어나 서류를 들고 친구와 서초동 변호사 사무실을 일곱 군데나 미친 듯이 뛰어다니며 알아보았다. 하지만 한결같이 답이 없었다. 재산은 다 날리고 자식들 대까지 빚을 대물림하게 생겼다. 하늘이 무너지고 땅이 꺼지는 것 같았다.

"석자야, 정신 차려! 길은 하나야."

"뭐라고? 길이 하나라고? 길이 있단 말이야?"

"응, 단단히 마음먹어! 이혼이야, 이혼하게 되면 네 명의로 된 재산은 손을 못 대. 아이들은 공부를 시켜야 하지 않겠니?"

그때 딸은 중 3, 아들은 고 3 모두 중요한 시기였다. 난 친구 말이 떨어지자마자 한숨을 돌리고 차 안에서 핸들을 마구 두들기며 소리소리 질렀다.

"이혼?"

정말 이혼을 이렇게 간단히 할 수 있는 것이 나는 너무너무 기뻤다. 남편 호적에서 내 이름이 사라진다는 것이 기분이 통쾌하도록 좋았다. 나에겐 불행이 아니라 이혼이 경사였다. 친구의 남편은 별이 세 개였다. 도박과 술에 복잡한 여자관계, 여러 가지 가지로 속을 썩이는 남편이었다. 그렇게 양귀비같이 예쁘고 신앙이 좋던 그녀는 삶에 회의를 느껴 교회를 포기하고 보험회사에 나가 가정을 직접 꾸려나가게 되었다. 친구의 유일한 낙은 노래방 가서 소리소리 지르며 노래 부르는 것이었다. 우린 함께 노래방 가서 캔 맥주를 시켜놓고 목청이 터지라고 소리 지르며 노래를 불렀다. 친구가 부르는 애창곡은「나는 바보같이 살았군요」이었다.

이혼과 타락의 생활

이혼 아닌 이혼을 하게 되었다. 나는 남편이 어떠한 상황에 있을

지라도 아이들 교육 때문에 이혼할 성격이 아니었다. 항상 성경책과 십자가를 작은 상위에 놓고 기도 생활하고 있었다. 하나님에 대한 분노에 가득 차 하늘을 쳐다보며 하나님이 저주스러운 듯 소리소리 질렀다.

"하나님! 어떻게 당신이 나에게 이럴 수가 있습니까? 허구 장차 하나님만 매달리며 금식기도와 말씀 속에서만 살려고 최선을 다하는 나에게 감당할 수도 없는 이런 일을 내게 왜 주십니까? 무엇 때문에 내가 당신의 법을 만들어 그 속에 나를 처박아 넣고 살아가야 합니까? 저세상 사람들은 수많은 죄 속에서 살아가도 잘 먹고 잘 살며 전 세계를 여행하며 행복하고 즐겁게만 살아가는데 어떻게 하나님만 붙들고 살아가는 저에게는 끊임없이 이겨낼 수 없도록 고통만 주시나이까? 주여! 이제 나는 당신 곁을 떠날 것입니다. 저 세상에서 사람들이 자유롭게 살아가는 것처럼 나도 그렇게 살아갈 것입니다. 그것이 참된 자유요 진리이니 이다." 엊그제만 해도 신약성경 요한계시록을 읽어가며

"주여! 내 잔이 넘치나이다. 홍보석 청보석 다이아몬드가 쏟아져 나오는 꿀송이보다 더 달고 오묘한 말씀이나이다."라고 하던 나는

남편의 보증 선 회사 부도를 통해 모든 재산이 날아가게 되자 하

루아침에 마음이 돌변하여 성경책을 내동댕이치고 십자가를 베란다로 힘껏 발로 걷어차 버렸다. 십자가는 한쪽 구석에 쓰러져 있었다. 그 이튿날 누어져 있던 십자가가 똑바로 세워져 있었다. 남편은 내가 갑자기 변하는 모습이 두려웠던 것 같았다.

"어이구, 십자가는 무서워하네. 평생 일만 저지르는 나의 흡혈귀!

하며 남편을, 욕을 퍼부으며 똑바로 세워놓은 십자가를 다시 뛰어가 발로 더 세게 걷어차 버렸다. 어처구니없는 일을 닥치면서 이년 동안 정신없이 세상 밑바닥까지 떨어져 타락하고 말았다. 술과 담배와 주일이면 친구와 차를 몰고 온천과 노래방으로 돌아다니며 놀러 다녔다. 그렇지 않으면 미쳐버려 죽을 것만 같았다. 어느 날 아파트 칠 층에서 아래를 내려다보았다. 상가에 커다랗게 서예실이라고 써 부친 간판이 보였다. 전혀 없었던 서실이 생겼다. 무엇으로도 마음을 달랠 길이 없어 서실을 바라다보며

"그래 서예를 다시 배워볼까? 먹을 갈고 붓글씨를 써나가면 아이들을 위해서도 마음이 조금은 안정되지 않을까?" 하고 서예를 다시 시작해 보았다. 어느 날 서실 원장님은 나를 보고 무슨 걱정이 있느냐고 물으셨다. 끝나고 저녁 식사나 함께하자고 권하셨다. "원장님 제가 걱정이 있어 보여요? 저 아무 일도 없어요" 하지만

원장은 나를 꿰뚫어 보는 것만 같이 말씀하신다.

"이 여사님, 우리 교회 장로님은 모든 재산을 바쳐 교회를 지으신 분이세요. 그런데 어느 날 오천만 원이란 돈을 억울하게 갚게 되었죠. 장로님은 하나님에 대하여 너무 화가 나고 억울해서 성경책을 박박 찢어 버리셨답니다."

"아니 원장님! 어떻게 장로님이 성경책을 다 찢어버려요?"

"어휴! 목사님들은 시험 안 드나요, 사람은 누구나 다 마찬가지예요. 살아가다가 어느 날 갑자기 감당할 수 없는 억울한 일이 닥치면 교회를 떠나고 하나님을 원망하는 일들이 많죠. 그러던 장로님은 심한 우울증에 빠지게 되었어요. 사람과도 전혀 접촉도 안 하고 목소리도 듣기 싫다며 전화선도 끊어버렸죠. 빛이 들어오는 창은 커튼으로 모두 가려 버렸어요. 결국엔 정신병원에 입원하게 되었답니다. 그 장로님은 너무나 교회에 헌신한 분이라서 담임 목사님은 성도 모두 금요 철야 통성기도를 함께하기 시작하였습니다.

4개월 만에 장로님은 회복하셔서 지금은 오천만 원도 해결하고 정상적으로 교회에 잘 나오시며 전처럼 봉사하고 계십니다. 이 여사님, 가슴 아프고 답답한 일 있으면 털어놓고 이야기를 나누어야 해요. 모든 일을 혼자서 말없이 해결하려고 하면 우울증이 문제가 아니라 그러다가 미쳐버려요."

너무 기가 막혔다. 마치 심장 속까지 꿰뚫어 보시고 말씀하시는 것 같았다. 무엇인가 돌덩이같이 굳게 닫힌 마음이 열리기 시작했다.

"네, 원장님 함께 저녁 식사해요"

원장님과 나는 올림픽공원 근처에 치킨집으로 갔다. 원장님은 나를 위해 먹지도 못하는 맥주를 시키면서 함께 치킨을 먹었다. 그동안 일어났던 모든 일을 말씀드렸다. 원장님은 고개를 아래로 떨구며 묵묵히 내 말을 듣고 한참 있다가 얼굴을 천천히 들면서 나를 바라보며 말을 꺼냈다.

"이 여사님! 이 여사님은 스스로 더 잘 알고 계셔요. 어떻게 이 문제를 풀어나가야 할지를요. 그러나 너무 억울함과 분노에 차서 분별력을 잃으신 거예요. 이 여사님, 기도하세요. 작정 기도로 들어가세요."

"아뇨, 이제 기도도 안 나와요. 더욱이 2년 동안 세상 속에서 될대로 되라고 마음껏 죄지으면서 살았거든요. 그래서 마음이 강퍅하고 메말라져서 기도가, 되지를 않아요."

"그래도 하세요. 잘 아시잖아요, 하늘 문이 닫혔는데 어떻게 일이 해결되겠어요. 일단 하늘 문을 열고 봐야죠. 이 여사님, 사실 저는 선교사였어요. 그동안 선교사로 외국에 나갔다가 이제 돌아와 이곳에 와 서실을 낸 지 두 달밖에 안 되었습니다" 나는 소름이 돋으면서 그제야 정신이 번쩍 들었다.

"아, 이분을 천사로 하나님께서 나에게 보내신 분이구나!"

눈을 감고 생각하면서 조금은 마음이 진정되었다. 원장님과 헤어지고 그 이틀날 차를 몰고 88도로 강변을 끼고 어머니에게 단숨에 달려가 그동안에 있었던 모든 사정이 야기를 나눴다. "엄마, 나를 위해 기도 좀 해주세요!" 어머니께 기도를 부탁하고 돌아왔다. 아침 한 끼만 금식하고 백일 작정 기도를 시작하였다. 하루가 지나고 이틀이 되어도 전혀 반응이 없었다. 삼 일째 되는 날이었다. 깊은 기도 속에서 세미한 음성이 들려왔다.

"아! 이게 무슨 소리지?" 주위를 두리번거리고 돌아보았다. 하지만 아무도 없었다.

하나님의 음성

"사랑하는 딸아, 너는 내 것이라, 네 몸은 거룩한 성전이라, 네 몸을 상하게 함은 곧 나를 상하게 함이니 금식을 거두어라!" 처음 듣는 주님의 음성이었다.

"주님, 허물 크고 죄 많은 인생 내가 주님의 것이요. 내 몸이 거룩한 성전이라니 너무 부끄럽고 죄송하기만 합니다. 주님께 무엇을 원하는 기도가 아니라 그동안 너무 많은 죄를 짓고 살아서 금식은 참회와 용서를 비는 마음으로 기도드립니다. 하루에 오전 한 끼만 금식하고 백일 작정 기도하오니 거두지 마옵소서!"

주님의 음성을 듣고 콧물 눈물이 얼굴에 범벅이 되어 대성통곡하며 회개의 기도를 올려드렸다. 주님의 음성을 처음으로 듣는 순간이었다. 그다음은 아무 응답이 없으셨다. 하지만 다음날도 단단히 마음먹고 금식 작정 기도를 계획했기에 계속 아침 금식을 하며 기도를 드렸다. 남편을 출근시키고 두 아이를 학교 보낸 뒤에 조용히 방으로 기도 하러 오다가 그만 거실에서 정신을 잃고 쾅! 하고 쓰러지고 말았다. 정신은 살아있는데 말이 안 나오고 눈은 잠긴 체 몸이 굳어 전혀 움직여지지 않았다. 마음속으로 아, 이렇게 쓰러져 식물인간이 되는구나! 생각했다. 나는 재빨리 영으로 회개 기도를 올려드렸다. 하나님 말씀에 불순종한 형벌이었다. 금식을 거두셨는데 내 자아 아집과 고집이 내 의로 끝까지 금식하려고 하였다. 하나님은 불순종하는 가운데 회개의 기도는 들어주지 않으신다.

"주님 잘못했습니다. 금식을 거두시었는데 불순종한 죄인을 용서하여 주옵소서. 다시는 지금 이 시각부터 주님의 품으로 돌아가는 그날까지 절대로 금식은 하지 않겠나이다. 주여, 나를 불쌍히 여기시고 긍휼히 여기사 불순종한 죄를 용서하여 주옵소서!"

처절하도록 간절한 마음으로 통회의 기도를 영으로 올려 드렸다. 아! 정신이 깨어났다. 그 이후로부터 지금까지 금식은 안 한다. 아니 앞으로도 금식은 안 할 것이다. 쓰러진 뒤 일주일 후였다. 상대방 차가 내 차를 박아 크게 교통사고를 당하게 되었다. CT 촬영을 하게 되었다. 유명한 정형외과 선생님께 진찰을 받아보게 되었다. 의사 선생님은 CT 촬영한 사진을 손가락으로 지적하면서 상세하게 말씀하셨다.

"아주머니, 식사는 잘하시나요?"

"아뇨, 금식기도를 자주 하는 편이에요."

"이제는 안 됩니다. 골다공증 초기입니다. 이 병은 위험한 병입니다.

앞으로 식사를 거르지 말고 골다공증에 대한 약과 식사를 잘하시도록 하세요."

마음속으로 너무 놀랐다. 하나님께서 교통사고를 내게 하신 것이었다. 하나님은 보이지를 않고 말씀으로만 들으니 믿음이 부족한 나에게 주님은

"딸아, 왜 내가 너에게 금식을 거두게 하였는지 이제는 알겠느냐? 네 눈으로 CT 촬영으로 보여주고 유명한 의사를 통해 직접 말을 전해 들으면 믿겠느냐?"

하시는 것 같았다. 병실을 나와 한없이 흐느껴 울었다. 하나님의 만지심과 그 크신 사랑에 믿음이 부족한 자신의 어리석음을 보며 눈물이 양 볼 위로 끝없이 흘러내렸다. 하나님께서 말씀하실 땐 따지지도 말고 묻지도 말고 무조건 순종이다. 회개하고 순종한 그 뒤에 하나님께선 찬양 사역을 통해서 미국 서부 쪽 여러 주를 오십 명 단원과 24일간 수백 명과 수천 명의 기립박수를 들어가며 순회공연을 하게 하셨다. 어려서 가고 싶었던 동경하는 나라들이었다. 샌프란시스코, 콜로라도, 그랜드 캐니언, 캘리포니아, 텍사스, 원주민 집에서 묵으면서 참으로 많은 서부 지역을 모두 구경을 시켜 주셨다. 내겐 평생 잊을 수 없는 아름답고 꿈같은 찬양 사역의 은혜로운 여행길이었다. 부도가 나서 전 재산을 한순간에 모두 잃었을 때 하늘로 소리치며 하나님께 대들던 생각이 났다.

"주님! 죄 속에서 살아가도 저세상 사람들은 세계여행을 하며 잘 먹고 잘 입고 행복하게만 살아가는데, 허구 장차 주님만 의지하며 살아가는데도 왜 나에게는 고난이 그치지를 않나이까? 세계여행은커녕 이 작은 땅덩어리 제주도도 못 가보았나이다."

원망하며 한동안 주님을 떠나 살던 생각이 났다. 그러나 주님께 참회하고 다시 돌아와 이제는 전보다 더 하나님께 미쳤다. 미쳐도 똑바로 하나님께 미치면 이렇게 많은 축복을 받게 된다. 그런데 어느 사람들은 세상에 엉뚱하게 도박에 미치고 여자에게 미치고 명예와 돈에 미쳐 살아간다. 그리고 패가망신하고 질병으로, 물질로도 고통받고 부모의 죄로 자식들까지 죄가 이어져 아무리 열심히 살려 해도 자식들은 이유도 모르는 채 고생하며 살아가는 일들이 너무나 많다. 기도를 올려드렸다.

"주여! 당신은 내게 세상에서 금으로도 은으로도 가질 수 없는 보화를 주셨습니다. 그러나 나는 그 보화를 땅에 묻은 채로 주님의 사명을 감당치 못하였음을 회개합니다. 주여, 이제 신학을 들어가겠나이다. 신학문을 열어주옵소서"

학창 시절 교감 선생님이 추천해 주신 신학을 들어가 목회의 길로

기도가 떨어지기 무섭게 기도 응답은 이루어졌다. 24살 때 초자연 세계에서 하나님을 만났던 그 황홀 무아지경 속 그 경지를 함께 나누고파 학창 시절에 교감 선생님을 그렇게 찾아 헤매어도 못 찾던 스승을 32년 만에 만나게 되었다. 참으로 기적이었다. 교감직을 내려놓고 신학교 교수로 활동하시다가 교회를 개척하시어 목회하고 계시었다. 사모님께선 그렇게 목회해야 한다고 말씀드려도 안 하더니 첫아들을 잃고서야 목사 안수받고 개척하게 되었다고 목사가 된 이유를 사모님이 말씀해 주셨다. 나는 교감 선생님이 졸업한 군소신학교를 추천하여 주신 신학을 들어가게 되었다.

하루에 두 시간밖에 수면을 못 하면서 열심히 공부하여 신학을 마치게 되었다. 여러 가지 신학과 치유 은사 계통을 끊임없이 배워가면서 더욱 하나님과 동행하는 삶을 살아가게 되었다. 또한 영성훈련과 영성 목회자아카데미 신학을 배우면서 보이지 않던 죄들이 너무나 선명하게 드러나 보이기 시작했다. 하나님과 더욱 가까워지면 가까워질수록 죄가 더 많이 드러나 보이게 되었다. 신앙이 성숙 되고 성장해 나가면서 위험한 하나님의 음성이 세 단계로 들려온다는 그것을 또 깨닫게 되었다.

영의 음성 세 단계

첫째는 하나님으로부터 들려오는 영적인 음성이다. 마음을 깨끗이 비울 때 마음이 청결할 때 들려온다. 둘째는 혼으로 들려오는 자기 음성이다. 혼의 음성은 내가 계획 세워 자기의 욕망이 가득할 때 들려온다. 셋째로는 마귀의 속삭임 사탄의 음성이다. 원망과 불평, 원수, 미움, 증오, 분노, 욕심, 시기, 질투 마음에 담겨 있을 때 들려온다. 말씀을 벗어나 잘못된 삶 속에서는 하나님의 음성으로 속는다. 올바른 삶 속에서도 사탄의 시험을 통해 잘못 들을 수도 있다. 그럴 땐 성경 말씀으로부터 조명하여 분별력을 가져야 한다.

하나님에 음성은 몸 안에서 깊은 기도 속에 세미한 음성으로 들려오기도 하고, 아주 긴박할 땐 몸 밖에서도 커다란 음성으로도 들려오기도 한다. 하나님의 음성을 듣지 못하는 사람들은 환경을 통해서 깨닫게 하시며 사람을 통해서 목회자를 통해서 또한 성경 말씀 속에서도 깨닫게 하신다. 성경 말씀은 자기를 들여다볼 수 있는 가장 정확한 거울이다. 그러나 세상 사람들은 이 깊은 영의 세계를 모르고 살아간다. 내가 누구인지? 어디서 와서 어디로 가는지도 모르며 집을 잃은 고아처럼 영의 세계는 깜깜이로 살아간다. 그 이유는 아담과 하와의 원죄와 부모 죄와 자기의 죄의 덫에 걸려 죄가 죄인지 모르며 살아가기 때문이다. 죄를 깨닫고 회개하고 나니 불가능한 그 많은 빚을 깨끗이 탕감해 주셨다. 도저히 신학을 공부할 수 없는 환경 속에서도 신학을 마치게 하셨다. 또한 여러 가지 많은 질병을 신학 공부하는 과정에서 모두 깨끗이 치료해 주시고 진리와 생명의 길로 끊임없이 달려갈 수 있도록 주님은 인도해 주셨다.

회복

하나님과 합하면 모든 환경을 뛰어넘는 초자연적 기적 같은 일들이 일어난다. 질병도 물질도 사람으로는 도저히 해결할 수 없는 모든 문제는 하나님께서 모두 처리해 주시면서 이끌어 가셨다. 하나님의 사랑은 너무 크고 놀라워 말로 다 형용할 수가 없다. 바다보다 깊고 하늘보다 높으며 그 길이를 측량할 수가 없다. 이제는 어떠한 환경이 닥치더라도 환경에 지배받지 않는다. 오직 저 천성만 향하여 바라본다. 하나님의 우주를 품는 그 크신 사랑과 우리를 위하여 십자가에 못 박혀 죽기까지 물과 피를 다 쏟으신 예수님 십자가 사랑만 바라보며, 어떠한 고통이 다가올지라도 세상을 능히 극복할 수 있는 지혜를 성령님께서 주셨다. 그것은 오직 자신을 죽이는 그리스도 십자가 사랑의 능력과 부활의 승리였다.

4. 뉴질랜드 성전에서 하나님의 음성

고난은 하나님이 주신 선물이었다. 고난이 없으면 하나님을 만날 수가 없기 때문이다. 깊은 고독 속에서만이 하나님을 만나고 하나님의 음성을 듣는다.

오래전 어느 날이었다.

빈손으로 시작하여 억척스럽게 열심히 모아 안정된 보금자리를 마련했다. 그러나 남편은 회사에 보증을 서주어 물거품같이 하루아침에 모든 재산이 사라지게 되었다. 나는 2년 동안 하나님을 떠나 생활하다가 아파트 상가에 있는 서예실 원장 선교사님을 통하여 백일 작정 기도를 들어가게 되었다. 3일째 되는 날 하나님의 세미한 음성을 처음 듣게 되어 처절하게 회개를 통하여 회복되어 갔다.

"주시는 이도 하나님이시오. 걷어 가시는 이도 하나님이시나이다. 하나님 보시기에 합당하지 않아 걷어 가시겠다는데 어찌 죄인이 말할 수 있사옵나이까. 그러나 주님, 주님이 저를 잘 아시나이다. 제가 그동안 어떻게 살아왔는지를요. 주여, 이제 주님의 길을 가겠사오니 칠일만 지구상에서 가장 아름다운 성전에서 평안히 쉬며 잠 좀 자게 해주옵소서. 그동안 잠을, 이루지를 못했나이다."

기도는 그대로 응답 되어 이루어졌다. 정말 아름다운 뉴질랜드 성전에서 일주일을 평안히 쉬게 되었다. 뉴질랜드도 아름답지만, 성전은 더욱 아름다웠다. 첫째 날에 도착하여 저녁노을이 서산에 질 무렵이었다. 성전 위에 부채꼴같이 아주 넓고 크게 무지개가 펼쳐 지붕 위를 온통 덮었다. 무엇인가 좋은 징조였다.

"원장님, 원장님! 저기, 저기 좀 보세요. 성전 지붕 위에 무지개가 떴어요. 무지개가 왜 저렇게 커요? 일곱 빛 색깔로 지붕을 덮었어요. 너무나 아름다워요"

소리소리 지르며 손가락으로 성전 지붕을 가리키면서 원장님께 무지개를 보라고 하였다. 무지개는 멀리서 바라보는데 눈앞에서 바로 보기는 처음이었다. 너무 좋아서 원장님께 말했다.

"원장님! 저는 여기 성전에서 살고 싶어요."

"와서 살아라, 아이구 나는 답답해서 못살아." 원장님은 사랑이 많으신 분이었다.

성전 동산에는 과일들이 풍성하게 여기저기 열려있었다. 노랗게 익은 오렌지가 주렁주렁 달리고 빨갛게 익은 사과가 가득히 나무에 영글어 있었다. 호두며 밤이며 따다가 성전 안 거실 벽난로에서 밤도 굽고 고구마도 구워 먹었다. 구운 밤 냄새와 군고구마 냄새가 방 안에 가득했다. 낮이면 배를 타고 바닷가에 나가 물고기를 잡아 즉석에서 회를 먹었다. 물고기는 아주 큰데, 고국에 작은 우럭 물고기보다는 덜 맛이었다. 파도를 헤치며 돌아오는 길이면 돌고래들이 줄지어 하늘 높이 뛰어 춤을 추며 배를 따라 쫓아온다.

뉴질랜드 바닷가에서

끝없는 바다에서 돌고래들과 함께하는 놀이가 신비롭고 재미있었다. 저녁이면 양을 잡아 모닥불을 피워놓고 통째로 커다란 꼬챙이에 꽂아서 양쪽에 걸쳐 돌려가며 바비큐로 구워 즉석에서 양고기를 먹었다. 마치 천국에 온 것 같은 모든 것들이 풍성하고 평화로웠다. 자연 풍경도 너무도 아름다웠다. 해 질 녘이면 동산에 토끼들과 고랑인지 사슴 새끼인지 각종 짐승이 뛰어논다. 이른 새벽이면 오색무늬로 물들인 예쁜 새들이 성전 창가에 날아다니며 짹짹! 짹짹! 찬양을 부른다.

꿈같은 시간이 흘러가고 마지막 날 밤이 되었다. 모두 방에 들어가서 잠을 잤으나 성전 마루에서 댓 자로 두 팔을 벌리고 누워 십자가를 바라보았다. 성전에서 자면 너무도 행복하고 평안했다. 외벽은 모두가 투명한 유리창으로 되어 바깥 풍경이 한눈에 보여서 너무 좋았다. 수많은 별이 동산에 쏟아지고 달빛은 나뭇가지에 걸쳐 창가에 비추어 성전 마룻바닥까지 길게 달빛이 스며들어왔다. 그때다. 기도하고 잠을 자려니 성전 안에서 갑자기 큰 음성이 들려왔다. 주위를 두리번거려도 아무도 보이지 않았다.

“사랑하는 딸아, 성전에 건축헌금을 삼백만 원을 바치거라!” 주님의 말씀이 이해가 가지를 않아 주님께 물었다.

"주님, 백 년 된 이 견고하고 아름다운 성전에 건축헌금이라니요. 할렐루야 기도원은 부자예요. 건축헌금은 개척교회 정말 어려운 교회에 드려야 하잖아요."

하나님의 음성은 사라지고 다시는 말씀이 없었다. 떠나는 칠 일째 되는 마지막 날 밤이었다. 성전에 누워있으니, 주님의 음성이 또 들려왔다.

"사랑하는 딸아, 십일조 예물을 제단에 바치거라!" 하나님의 말씀은 도저히 이해가 가지를 않았다.

"주님, 한국에서 십일조를 내고 왔어요. 그런데 무슨 십일조를 또 내라고 하시나요?"

아무 응답이 없었다. 눈을 지그시 감았다. 한국에 있는 남편의 환상이 보였다. 거실 방에서 벽을 향하여 이불을 뒤집어쓰고 자고 있었다. 또 직장을 나온 것 같았다. 나는 또 주님께 말씀드렸다.

"주님, 저 화상이 또 직장을 때려치우고 나와 이불을 뒤집어쓰고 자네요? 32억 5천만 원을 보증서 빈손으로 어렵게 장만한 아파트 다 압류당하고 거기다 직장까지 나왔는데 십일조를 내라니요?

십일조라는 것은 한 달에 수입이 들어와야 거기서 십 분에 일을 때여서 드려야지 직장도 없고 이제 수입도 없는데 무슨 십일조를 내라고 하세요? 또 한국에서 십일조를 내고 왔다고요!"

도대체 하나님 뜻을 알 수가 없었다. 하지만 너무나 성전이 울리도록 커다란 음성으로 명확하고 또렷하게 들려왔다. 몸 밖에서 하나님의 음성을 크게 듣는 것은 뉴질랜드 성전에서 처음이었다. 회사가 부도가 나고 집에서 백일 작정 기도 중에 3일째 되는 날 몸 안에서 세미한 음성이 들려왔었다.

"너는 내 것이라 네 몸은 성전이라 네 몸을 상하게 함은 곧 나를 상하게 함이요 곧 금식을 거두어라!"

이렇게 세미한 음성으로 금식을 거두게 하신 말씀을 듣고 이번에 또 두 번째로 몸 밖에서 듣는 음성이다. 다음날 새벽예배를 드리면서 헌금 바구니에다가 용돈 25만 원을 가져간 것을 몽땅 모두 드려버렸다.

"이젠 주머니에 돈이 없으니 또 바치라는 말씀은 없겠지?"

속으로 주님께 섭섭한 마음을 가졌다. 하지만 아쉬움은 없었다. 모두 한국에 가져갈 가족들에 선물들을 사느라 정신이 없었으나 나에게는 썩고 죽을 세상 것들이 하나도 눈에 들어오지를 않았다.

차라리 성전에 하나님께 모두 바치는 것이 오히려 마음이 편했다.

드디어 김포공항에 도착했다. 마치 천국에서 지옥으로 오는 것 같았다. 육체 속에 영이 함께 있으니 보이지 않는 영적인 싸움, 괴리의 현상은 거부할 수 없는 현실이다.

"뉴질랜드에서 본 환상이 진짜면 어떡하지?"

마음이 까맣게 타들어 갔다. 칠 일 만에 아파트로 돌아왔다. 경비아저씨한테 집에 아이들 아빠가 있는지 인터폰으로 확인해 달라고 했다. 경비아저씨는 인터폰으로 전화를 걸었다.

"여보세요! 아주머니, 아저씨 계신 데요?"

듣는 순간 청천벽력 같았다. 아니길 바랐다. 현관문을 열고 들어오니 뉴질랜드 성전에서 본 환상과 꼭 같은 모습이었다. 그 이튿날이 되었다. 남편은 부지런히 아침부터 외출하는 것이었다. 저녁에 들어오니 먼저 회사 월급보다도 더 보수가 많은 직장으로 들어가게 되었다. 그때야 비로소 뉴질랜드 성전에서 십일조를 내라는 하나님의 깊은 뜻을 깨닫게 되었다. 말씀에 순종하는 모습을 보시고 월급이 더 많은 직장을 넣어주신 것이었다. 또 나는 회개할 수밖에 없었다. 우린 보이지 않는 하나님의 일들을, 도저히 헤아려 알 수가 없다. 보이는 것으로 이성과 논리로 따지려 하지 말고 말씀을 주실 땐 무조건 순종해야만 한다. 하지만 건축헌금을 삼백만 원을 바치라고 하는데 도대체 주님은 삼백만 원이 어디 있어 나에게 바치라고 하는 것일까? 도무지 하나님의 생각을 알 수가 없었다. 벽에 등을 기대어 책장을 바라보고 앉았다. 왠지 일어나 책꽂이에서 책 한 권을 빼서 들춰 보게 되었다. 그런데 이게 웬일인가! 책갈피 속에 삼백만 원이 있는 것이었다.

"아! 주님이 이 돈을 보시고 건축헌금을 바치라는 것이었구나. 그런데 이 돈은 도대체 무슨 돈이지?"

곰곰이 생각해 보았다. 기억이 났다. 다니는 교회에서 목사님이 한 가구당 건축헌금을 삼백만 원을 바치라는 돈이었다. 남편 몰래 건축헌금을 준비해 놓은 것이었다. 그러나 회사에 보증 선 것이 부도가 나서 전 재산이 날아가게 생겼으니 그 충격으로 아주 까맣게 기억에서 사라져 버린 것이었다. 마음이 변하기 전에 어서 빨리 뉴질랜드 성전에 전화했다. 이제 수저 하나도 건질 수 없이 부도로 집에서 쫓겨나게 되면 주님께 동전 한 닢도 바칠 예물도 없다. 그러니 이제이게 마지막이 될 테니 얼른 받쳐야 마음이 편했다.

뉴질랜드에다 전화해서 이백만 원은 건축헌금을 드리고 백만 원은 선교 목사님께 드리라고 하였다. 뉴질랜드에 함께 있을 때 선교사 목사님은 성도들에게 녹용 선물을 받은 것을 나에게 주면서 사모님께 이것을 팔아서 생활에 보태 쓰라고 전해 주라는 것이었다. 생활이 어려운 것 같아 선교사님께 백만 원을 드리라고 한 것이었다.

(하지만 그것은 잘못된 내 생각이었다. 하나님은 선교헌금을 백만 원 주라는 말씀이 없었다. 목사님 형편이 어려워 내 의로 결정한 것이었다. 결국은 그 백만 원 때문에 선교사 목사님은 원장님께 보고하지를 않아 백만 원도 압수당하고 단임 목사로 부임해 갔다가 쫓겨나게 되었다. 나는 원장님께 선교사님을 용서해달라고 울며 원했지만 "너는 사람을 육으로 보지만 나는 영으로 본단다. 너에겐 그 돈은 기가 막힌 돈이다. 과자나 사 먹을 돈이 아니란 말이다. 네가 나에게 큰 도움을 주었구나!"하고 용서해 주시지를 않았다. 암을 치료받아 기도원을 기증한 집사님이 선교헌금이 얼마나 왔느냐고 선교사 목사님께 물었더니 과자나 사 먹을 돈이 왔다고 하여 그 말을 원장한테 보고한 것이었다.)

얼른 바치고 나니 마음이 너무나 홀가분했다. 다음날 나는 강남금식기도원에 갔다. 강남금식기도원은 한국에서 가장 아름다운 드라이브 코스다. 집에서 출발하면 남한산성을 넘어 팔당을 거쳐서 양평 양수리를 지나 계속 강변을 끼고 국도로 달린다. 한번 다녀오면 답답했던 가슴이 뻥 뚫린다. 기도원에 도착하여 모두 잠자는 시간에 강대상 앞에서 무릎을 꿇고 눈물로 참회의 기도를 드렸다.

"주님, 주님보다 자식이 우상이 되었으며, 남편이 우상이 되었고, 집을 빨리 장만하기에 돈이 우상이 되어 살아왔음을 고백합니다. 주님 잘못했습니다. 용서해 주옵소서. 물질도 내가 열심히 살아 이룬 것으로 착각하고 나의 뜻대로 사용했습니다. 물질을 주셨을 때 주님께 합당한 곳에 쓰지를 않아 주인이 도로 가져가시겠다는데 이 죄인이 무슨 말씀을 드리오리까. 모두가 주의 것이나이다. 자식도, 남편도 모든 물질도 아버지의 것이나이다. 아버지께서 잠시 나에게 사람은 잘 돌보고, 물질은 잘 관리하라고 맡겨놓은 것뿐이니 이다. 어리석고 무지함을 용서하여 주옵소서!

살고 있는 아파트를 걷어 가신다면 땅을 요로 삼고 하늘은 이불 삼아 돌은 베개로 삼으며, 그렇게 살아가면 되지요. 하지만 아버지께서 만약에 빚을 탕감해 주신다면 나의 이름으로 된 모든 재산은 모두 하나님의 일을 위해 쓰겠나이다. 주님께서는 세상에서 금과 은으로도 취할 수 없는 아름답고 찬란한 말씀의 보석들과 영원한 생명을 주셨는데 주님! 나는 주께서 주신 사명을 감당하지를 않았습니다. 주여, 신학문을 열어주옵소서 이제 앞으로는 주님이 원하시는 삶을 살겠나이다. 정말 잘못했습니다. 주님 용서하여 주옵시고 이 죄인을 불쌍히 여기고 긍휼히 여기어 주옵소서!"

밤새 울며 회개 철야기도를 하였다. 기도를 마치고 산에서 내려오는데, 서산에 물들어 가는 황혼이 참으로 아름다웠다. 모든 걱정과 염려가 사라지고 너무도 기쁨이 충만했다. 이름 모를 새들이 노래를 부르며 머리 위로 날아와 위로해 주었다. 바람은 옷깃을 스쳐 다정히 속삭이며 위로해 주었고, 나뭇잎도 모두 춤을 추면서 위로해 주었다. '참 아름다워라.' 찬양을 부르며 기쁨이 넘쳐 황혼을 등지며 산에서 내려와 집으로 돌아왔다. 현관문을 들어서자, 남편은 일찍 들어와 식탁에 앉아 나를 기다리고 있었다.

"당신, 이리 와 앉아봐."

남편은 나를 향해 바라보며 불렀다. 가방을 내려놓고 식탁으로 가까이 다가가 의자에 마주 앉았다. 남편은 침착하고 조용히 나에게 말했다. 은행에서 삼십이억 오천만 원을 이천오백만 원만 갚고 나머지는 다 탕감해 주게 되었다는 것이다. 아니 개인 사채 업자도 아니고 은행 담보 건인데 못 갚으며 자손 대대로 내려가는 빚을 은행에서 그 많은 거액을 탕감해 준다는 것이 도저히 이해가 가지를 않았다.

"당신, 그걸 말이라고 해? 말도 되지도 않은 말 하지도 말아!"

"아냐, 정말이야! 집안 사정을 다 이야기했어. 회사에 보증 서준 일 때문에 이혼까지 당했다고 말했어."

"사정이 없는 사람이 어디 있어, 그런 말로는 필요 없고 서류상으로 문서를 작성해야지."

"그래, 서류로 다 작성했어. 이천오백만 원만 갚기로."

허! 참으로 기가 막힐 노릇이었다. 말도 되지도 않는 불가능한 일이 생긴 것이다. 뉴질랜드 성전에다 삼백이십오만 원을 하나님께 바쳤더니 삼십이억 오천만 원 빚을 이천오백만 원만 갚게 하시고 나머지 다 탕감해 주시는 하나님, 참으로 놀라운 하나님이셨다. 주님의 말씀에 순종하였더니 삼십이억 이천오백만 원을 갚아 주신 것이다. 하나님 앞에서는 도대체 계산이 안 된다. 하나님은 0이 1000이고 1000이 0이다. 하나님을 믿지 않는 사람들이 어떻게 이런 일들을 이해할 수 있겠는가!

그분은 창조주이시기 때문에 없는 것도 있게 하시고 있는 것도 없애는 분이시다. 또한 신학문을 열어달라고 간절히 기도하였더니 그렇게 찾았던 스승을 32년 만에 학창 시절에 존경하던 교감 선생님을 만나게 해주셨다. 교감 선생님은 그동안 서울에 올라오셔서 신학교 교수로 활동하시면서 목사는 안 되려고 끝까지 버티었다고 하셨다. 그러나 첫아들을 잃은 뒤에야 목사안수를 받고 교회를 개척하게 되었다고 하셨다. 그런 스승을 통하여 신학을 보내주셔서 결국 나도 목사가 되었다. 교감 선생님은 나의 간증을 들으시고 안타깝게 말씀하셨다.

"석자야, 네가 성령으로 거듭나서 그렇게 나를 찾았을 때 만났더라면 또 나의 제자가 될 뻔하였구나, 그때는 신학교 교수로 일하고 있을 때란다. 정말 아쉽구나!"

하나님은 나의 모든 기도를 들어 주셨다. 하나님이 원하시고 기뻐하시는 기도는 100% 들어주셨다. 하나님은 살아계셔서 과거와 현재와 미래를 다 통치하시는 분이셨다. 너무도 놀라운 분이시었다. 하나님은 오늘도 온 우주를 운행하시는 분이셨으며 인간의 생사화복을 주장하시고 살아 역사하시는 하나님이셨다. 모든 슬픔과 고난은 하나님께 돌아오게 하는 확성기요 축복의 통로였다. 하나님의 택함 받은 자녀라는 것이 얼마나 복된 일인가! 하늘에 찬란한 별들을 나의 치마폭에 따다 준다고 하여도 그 어떤 그것도 하나님의 자녀와는 비교할 수도 없으며 바꿀 수도 없는 고귀한 천상의 은혜 삶이었다.

칠흑같이 어두웠던 긴긴
고독한 밤이 지나가고

새벽에 떠오는 태양 속에
나의 영혼 저 천성을 향하여

독수리 날개 치듯
구름 위를 뚫고 날아간다.

5. 사우디아라비아 남편의 영안실 꿈

꿈에 중동에서 남편의 시체를 보고 유해를 안고 오는 꿈이다. 해외에서 남편은 심한 교통사고로 병원에 입원하고 있을 때였다. 하나님은 그때를 마쳐 나에게 기도를 시키셨다.

기도란 성령의 강력한 힘이 있었다. 그것은 사람의 능력이 아니기 때문이다. 사람의 육체는 영을 담는 그릇과 집과 같아 하나님의 신은 사람의 몸을 당신의 통로로 사용하신다. 사람만이 모든 피조물 가운데 하나님의 형상을 닮게 창조하셨기 때문이다. 따라서 사람에겐 신격이 있는 것이다. 하나님을 믿는 자나 믿지 않는 자나 모두가 하나님의 자녀이다. 다만 믿지 않는 자는 집을 나가 부모를 잃어버린 고아일 뿐이다. 그 잃어버린 고아들을 찾아오는 것이 믿는 성도들과 목회자들의 몫이요 사명인 것이다.

오래전 일이다. "석자야, 조용기 목사님 여의도교회 철야예배를 드리러 안 갈래?" 오랜만에 나는 큰언니네 놀러 왔다. 그런데 작은 언니가 와 있었다. 부산에서 조용기 목사님 철야예배를 드리러 왔단다. 그 교회는 친구 따라 언젠가 한 번 갔다가 다시는 안 갔다. 사람은 구름 떼 같이 몰려오는데 막상 설교를 듣고 보니 너무나 초신자들을 위해 주시는 말씀인데 뭐가 저리도 사람들이 많을까 신기하기만 했다.

"언니 조용기 목사님 철야 예배드리러 부산에서 서울까지 왔단 말이야? 알았어, 같이 갈게."

부산에서 서울까지 와서 예배를 드리러 왔다는데 서울에 살면서 안 갈 수 없어 동행했다. 철야예배가 시작되었다. 주기철 목사님의 일생에 대한 영화를 보여주었다. 첫 시간부터 은혜가 넘치었다. 영상이 끝나자, 조용기 목사님의 설교가 시작되었다. 요한계시록 강해서였다. 점점 시간이 갈수록 깊은 말씀 속으로 빠져들어 가기 시작했다. 예배를 마치고 조용기 목사님 설교에 완전히 심취되어 버렸다. 대 예배는 초 신자들을 위한 치료의 말씀이었다. 긍정적인 말씀이라 상처받고 소외된 영혼들이 힘을 얻고 용기를 얻는다. 목사님은 신위의 은사가 있었다. 병 고침을 받으니, 체험의 신앙들이 있어 모두 뜨거웠다. 그래서 그렇게 구름 떼 같이 성도가 많은 것이었다. 그 이후 나는 순복음 교회를 다니면서 두 아이를 넷째 오빠네 맡기고 암사동에서 여의도까지 새벽기도를 나갔다. 오산리 기도원도 미친 듯이 다니고 십일조도 빠짐없이 정성껏 드렸다. 사우디아라비아 중동 건축 현장에서 고생하는 오직 남편을 위한 기도였다.

어느 날이었다. 너무도 이상한 꿈을 꾸게 되었다. 사우디에서 부고장이 날아왔다. 남편이 죽었다는 소식이었다. 나는 김포공항에 가서 비행기를 타고 사우디 중동으로 날아갔다. 창밖 아래를 내려다보니 풀 한 포기 없는 황량한 붉은 황토 벌판만 끝없이 보였다. 비행기는 저물어가는 태양을 안고 구름 위를 헤치며 날아간다. 사우디에 도착하자 나를 대기하고 있던 차는 어느 큰 병원 시체실로 들어갔다. 철커덩! 커다란 철문을 열고 들어갔다. 멀리서 침대 위에 하얀 시트로 시체를 덮고 있었다. 들어가자마자 하얀 시트를 쳐들어 보았다. 나는 미친 듯이 울며 난리를 쳤다. 갑자기 시신이 사라지고 영안실로 들어갔다. 서랍장이 높이 한 벽면을 유해들로 가득했다. 모두 이름이 쓰여있었다. 그 많은 서랍 중에 바로 눈앞에 남편의 이름이 적혀있었다. 서랍을 열어보았다. 남편의 유해 상자였다. 유해 상자를 꺼내어 가슴에 끌어안고 대성통곡을 하고 울었다. 다시 사우디 공항에서 한국 편 비행기에 탑승하고 활주로를 달리며 비행기는 구름 뚫고 높이 하늘을 날았다. 새털 같은 하얀 구름 위를 나르며 폭포수같이 쏟아지는 눈물은 그 칠 줄을 몰랐다.

"두 아이는 어떡하지? 아빠 없이 어떻게 혼자서 살아가며 키우지?"

남편의 유해 박스를 안고 한없이 울면서 비행기를 타고 오는 장면의 꿈을 꾸다가 깨었다. 불길한 꿈이었다. 너무나 꿈이 이상해 무슨 일이 생기나 걱정과 염려가 되었다. 더욱 새벽기도와 오산리 기도원을 다니며 남편이 무사하기만을 위해 간절히 기도했다. 남편은 한 달 동안 소식이 없더니 기안을 다 채우지 못한 채 귀국한다고 갑자기 소식이 왔다. 무슨 일일까? 하면서도 귀국한다니 그래도 너무 좋아 공항에 나가 남편을 초조한 마음으로 기다렸다. 긴 시간이 흐르자, 문이 열리면서 많은 사람이 짐을 잔뜩 싫고 커다란 캐리어(Carrier)를 밀며 나오기 시작했다. 남편이 나오기만을 눈이 뚫어지라고 문 입구만 바라보았다. '아이들 아빠다!' 생전 선글라스를 안 쓰던 사람이 밤에 선글라스를 쓰고 나오는 것이었다.

"아빠, 여기야!" 남편은 웃으며 짐을 잔뜩 싣고 나를 향하여 다가오고 있었다.

"아빠, 웬 선글라스? 홍콩의 사나이가 나오는 줄 알았네!"

너무 반가워 활짝 웃으며 남편의 가방을 함께 끌며 조잘대며 말했다. 남편은 미소만 지을 뿐 아무 말이 없었다. 집에 도착하자 아이들은 좋아라. 난리가 났다. 가족 친척 선물 보따리를 방안에 하나 가득 풀어놓았다. 아들에게는 자동차 장난감, 딸에게는 인형 장난감들을 주었다. 아이들은 아빠가 있으니, 신바람이 났다. 아빠의 자리가 쓸쓸했던 방 안 공기가 사랑의 웃음꽃이 가득 넘쳤다.

(나의 기억으로는 결혼 생활 중 이때가 가장 행복했던 것 같다. 이때는 남편과 함께 꿈이 있었기 때문이다).

남편이 갑자기 안 보였다. 작은 방으로 가보니 안경을 벗고 거울을 보고 있었다. 아, 이게 웬일인가? 얼굴 정면에 눈과 코 사이에 칼자국이 아주 길게 커다란 흉터 자국이 있었다. 나는 마음속으로 너무 놀랐으나 겉으로는 표현하지 않았다. 침착하게 남편에게 말을 걸었다.

"사고 났어?"

"응, 크게 교통사고 났어. 잠깐 옆 사람 보다가 과속으로 가로수를 받아 앞에 창문이 완전히 깨져 그 파편이 얼굴 눈으로 다 들어갔어, 한 달 동안 입원하면서 모두가 실명이 된다고 했지. 그런데 기적으로 까만 눈동자에만 안 박히고 주변에만 다 박힌 거야, 의사와 직원들과 모두가 기적이라고 했어."

"그래서 한 달 동안 소식이 없었구나? 고생했네, 괜찮아. 한국은 의술이 좋아서 성형 수술하면 돼 너무 신경 쓰지 마. 난 그런지도 모르고 홍콩의 사나이가 온다고 했네!"

불안해하는 남편의 마음을 평안하게 해주고 싶었다. 주님은 모든 일을 아시고 언니를 통해서 순복음 교회를 나가게 하신 것이었다. 십일조와 새벽기도 오산리 기도원을 성령님께서 인도하신 것이었구나! 마음속으로 생각했다. 하나님의 은혜에 너무도 감사하기만 했다. 사우디아라비아 교통사고는 남편이 죽을 수도 있었고 살아도 100% 실명이 될 수 있는 사건이었다. 새벽기도와 아낌없이 하나님께 바친 십일조가 남편을 살리고 실명을 면하게 해주신 것이었다. 우리들의 인생은 한 치의 앞을 모른다. 하지만 하나님의 선택받은 자녀는 언제나 위기 때마다 하나님이 도우신다.

기도는 신비하다. 깊은 기도는 신과의 대화이다. 인간에게만 신격이 있어 그 능력이 무한대다. 과학이 발달하여 달나라 별나라를 갔다 온다고 할지라도 인간이 별과 달을 만들 수는 없으며 태양과 지구를 만들 수 없는 것이다. 그것은 창조자 하나님만이 가능한 것이다. 사람의 능력은 한계가 있다. 신을 도전하여 자연의 질서를 파괴하면 하나님을 대적하는 교만이요 돌아오는 것은 자연의 대재앙뿐이다. 인간의 죄는 살인강도가 죄가 아니라 하나님을 대적하고 하나님을 모르는 것이 가장 큰 죄인 것이다. 하나님은 지금도 말씀하신다.

“아들아, 딸들아, 내가 너를 낳았노라 그러니 어서 늦기 전에 내게 돌아오라!” 그러나 사람들은 끊임없이 “당신이 왜 내 아버지니이까?” 하며 대든다.

귀신도 하나님을 아는데 자식인 자녀들이 자기 아비를 모른다고 한다. 그것은 원죄, 조상 죄, 부모 죄, 자 범죄, 이처럼 산 같은 죄에 가려서 안 보이고 안 들리는 것이다. 죄가 겹겹이 장벽을 싸서, 볼 수도 없고 들릴 수도 없다. 그러나 성령으로 거듭나서 회개가 터져 죄의 묶임에서 풀려나면 그때 서야 귀가 뚫려서 들리고 눈에 비늘이 벗겨져 보인다.

예수 밖에는 아무리 공자 맹자 석가모니와 모든 신들의 도를 닦아도 하나님을 만날 수도 없고 하나님의 음성을 들을 수도 없는 것이다. 착한 일을 많이 하고 도를 닦아서 천국에 가는 것이 아니다. 예수를 믿고 물과 성령으로 거듭나야만 한다. 다음은 그리스도의 장성한 분량까지 영이 성장하여 영적 전쟁에서 마귀들과 싸워 탈락하지 말고 반드시 승리해야만 천국에 갈 수가 있다. 천국 문은 좁은 길이지 넓은 길이 아니라는 것을 경각심을 가져야 한다. 하나님은 꿈을 통해서 기도를 시키시었고 언제나 환난과 고통을 통해서 기도를 시키셨다. 내 인생에 있어서는 화가 언제나 복의 근원이 되었다.

고난이 없었다면 하나님을 만날 수 없었을 것이다. 내가 어디서 왔으며 어디로 가는지도 몰랐을 것이다. 생각만 해도 끔찍스러운 일이다. 나에게는 아무것도 가진 것은 없으나 세상에 가장 부러운 것이 없는 것은 만세 전부터 하나님께 택한 자녀라는 것이다. 하나님은 네비게이션과 같이 언제나 함께하시며 내가 설혹 실수하고 잘못 가는 일이 있어도 하나님은 벼랑 끝에서 항상 도우시는 분이셨다.

예수를 믿는다는 것은 믿어도 되고 안 믿어도 되는 것이 아니다. 이것은 죽느냐 사느냐의 일이며, 천국과 지옥 가는 일인 것이다. 보이는 것은 언젠간 썩고 죽어 사라질 것들이며 영혼의 생명이 될 수 없는 것이다. 인간의 본질인 내면에 신을 찾고 영원한 아버지의 품 고향으로 어서 돌아가야 한다.

그러나 이 모든 것을 깨닫는 길은 성경 말씀을 읽고 오직 기도만이 초자연적 기적을 이루어 낸다.

제2부
하나님의 신비

1. 구름 속에 나타난 예수님

예수님의 환상을 생각하면 아직도 기억이 역력하다. 그 신비로움과 경이로움은 무어라 말로 표현할 수 없었던 감격의 그때를 잊을 수가 없다.

크게 뉘우치는 깊은 기도 속에서 주님의 음성을 들은 뒤부터는 예수님께 많이 미쳐 버렸다. 주님 사랑에 빠진 것이다. 성경에서 나오는 십이 사도들이 너무 부러웠다. 성지순례 가서 예수님이 걸으시던 땅을 만져만 보기라도 했으면 소원이 없겠다. 언젠가 어느 신부님의 말씀이었다. 성지순례에 가서 예수님이 십자가를 지시고 가시던 그 길목에서 돌을 주워 와서 장식장에 귀하게 보관하고 있다고 하셨다. 그 심정을 충분히 이해가 간다. 신약성경에서 나오는 십이 사도들은 얼마나 행복했을까? 주님 곁에서 직접 3년 동안 교육을 받고 함께 살았으니, 정말 기가 막힌 일이다. 그분은 완전한 신이시며 완전한 인간이시었다. 이것을 깨달아 믿어진다는 것은 가장 놀라운 축복이 아닐 수 없다. 어느 날 조용히 십자가 앞에서 두 무릎을 꿇고 눈물로 기도했다.

"예수님 보고 싶어요, 정말 보고 싶어요, 꿈에서라도 볼 수 있게 해주세요!" 너무 예수님이 보고 싶어 애통하며 기도했다.

초록빛 물들여져 가는 따듯한 5월이었던 계절로 생각된다. 버스에서 내려 한가로운 길을 걸어가는 중이었다. 예수님 생각하며 자꾸만 눈물이 났다.

"예수님 사랑해요. 정말 사랑해요"

예수님의 사랑에 빠져 눈물이 하염없이 흘러내렸다. 고개를 들고 흰 구름이 흘러가는 파란 하늘을 쳐다보았다. 그런데 갑자기 오른쪽 하늘 저편 끝에서 하얀 뭉게구름이 서서히 몰려오기 시작했다. 또 왼편에서도 멀리 산등선 끝에서부터 검은 구름도 흰 구름 쪽으로 몰려오는 것이었다. 하늘을 바라보며 무엇인가 이상한 느낌이 들어 소름이 돋았다. 양쪽에서 흰 구름과 검은 구름이 서서히 다가왔다. 뭉게구름이 몽글몽글 꽃처럼 피어오르며 서로 합쳐지더니 사람의 형체가 나타나기 시작했다. 흰 구름과 검은 구름이 서로 천천히 엉기면서 머리와 눈, 코, 입, 귀가 보이기 시작했다. 그 형체는 성화에서 본 예수님의 얼굴과 비슷한 모습이었다. 구름 속에서 가슴까지 나타나 보이셨으며 눈은 하늘을 쳐다보고 계셨다.

모두가 흑백으로 보였는데 머리에 쓴 금 면류관만 원색으로 광채가 났다. 예수님의 형상이 완전히 나타나자 찬란한 빛에 눈 부신 머리 위에 금 면류관을 보고 그 자리에서 털썩 주저앉아 그냥 펑펑 울기만 했다. 오가는 사람들은 정신이상자로 힐끗힐끗 보며 지나갔다. 나는 사람들의 시선이 하나도 눈에 들어오지 않았다. 예수님의 모습에 너무 놀라고 말로 형용할 수 없는 벅찬 기쁨에 그저 펑펑 울기만 했다.

"주님 사랑해요, 정말 미치도록 사랑해요"

울고 또 울다가 하늘을 바라보니 푸른 하늘 위에 흰 구름 몇 조각들뿐, 한순간 모두 사라져 버렸다. 한동안 고개를 들고 예수님 나타나셨던 하늘만 경이롭게 쳐다보고 있었다. 예수님의 환상은 선명하고 분명하게 보였다. 금 면류관만 원색으로 비추는 그 광채는 너무 눈이 부셔서 똑바로 볼 수가 없었다. 그때를 생각하면 지금도 가슴이 뛴다. 어떤 초 경지의 기쁨과 환희랄까? 무엇으로도 그 감정을 표현할 수가 없다. 진정으로 애타게 사모하면 보여주시고 들려주시었다.

언젠가 뉴질랜드 아름다운 기도원에서 만난 도미니크에서 오신 선교사 목사님이셨다. 목사님과 함께 동산을 거닐면서 이렇게 말한 적이 있었다.

"목사님 저도 방언 기도하고 싶어요. 통성기도 할 때 내 기도가 어둠의 영들이 듣지 못하고 하나님만 들을 수 있게요."라고 말했다.

"방언을 사모하세요. 그러면 방언 은사를 주셔요."라고 말씀하셨다.

훗날 기독교 아카데미 영성신학을 공부하면서 조용히 혼자 교실에서 성경책을 읽다가 방언 은사를 받게 되었다. 성경 말씀 시편 23편이 방언으로 읽어지는 것이었다. 정말 목사님 말씀대로 간절히 원하면 보여주시고 음성을 들려주시기도 하셨다. 1974년도에도 하나님이 어떤 분이라는 것을 깨닫게 하시고 인격적으로 만나게 해주셨다. 그다음은 천국과 지옥을 보여주셨다.

주님 만나기 전이었다. 사춘기 되니까 자꾸만 묻고 따지게 되었다. 교회 나가 활동하면서도 하나님도 안 믿어지고 지옥과 천국이 잘 믿어지지 않았다. 무조건 무식하게 맹신하며 믿고 싶지 않았다. 하나님 계신다면 만나게 해주시고 정말 천국과 지옥이 있다면 보여 달라고 기도로 간구했다.

언제 바닷가 여름 끝물 피서지에서였다. 자연의 아름다움에 도취되어 튜브에 몸을 싣고 둥실둥실 파도에 떠내려가는 줄도 모르고 뭉게구름 무늬 그려져 가는 소라 빛 하늘을 바라보며

“천국과 지옥이 있다면 보여주세요. 하나님 살아계신다면 정말 보여주세요!”

하늘 향해 소리소리 질렀었다. 모래사장에서 함께 있던 일행이 파도에 휩쓸려 바다로 멀리 떠내려가는 모습을 해양대 학생이 발견하고 헤엄을 쳐 구해준 극적인 추억도 있었다.

지난날도 진리를 찾아 위장이 만신창이가 되도록 헤매고 돌아다닐 때도 그런 나를 하나님은 초자연 속에서 나의 아버지라는 것을 깨닫게 해주셨다. 그분은 우주의 창조자이셨고 나의 아버지이셨다. 천국은 다시 돌아갈 영혼의 고향 집이었다. 그때 내가 누구인

지를 깨달았을 때는 더 미쳐서 온방을 헤매며 덩실덩실 기뻐 뛰며 춤을 추었다. 그리고 육체의 질병을 깨끗이 치료해 주시며 지옥과 천국을, 천사를 통해서 보여주셨다. 지옥은 죽지 않는다는 그것이 가장 무서웠다. 영계는 시간이 정지된 곳이었다. 끝이 없는 영원한 세계였다. 인간이 상상할 수 없는 곳이다. 영의 세계는 학문의 연구나 철학이나 과학으로도 알 수 있는 세계가 아니다.

1995년도에는 예수님 구원의 십자가 부활 사건을 깨닫게 되면서 회심하게 되었고 예수님이 얼마나 나를 사랑하신다는 것을 피부로 절감하도록 느끼며 사랑하게 되었다. 하나님은 아버지와 같은 공 의사랑 이였고 예수님은 어머니와 같은 희생의 사랑이었다. 문자로만 알았던 예수님 십자가의 사건을 영적으로 깨닫고 알게 된 것이다. 하나님을 만났을 땐 만신창이가 된 위장이 진리를 깨닫는 순간 그 모든 질병은 완치되었다. 예수님의 십자가 부활 사건을 영적으로 깨달았을 때는 해결할 수 없는 거액의 삼십이억 오천만 원 부도를 주님은 깨끗이 해결하여 주셨다. 지금 돈으로는 삼백억이 넘는 액수다.

"구하라! 그러면 너희에게 주실 것이요, 찾으라. 그러면 찾을 것이요, 문을 두드리라! 그러면 너희에게 열릴 것이니. 구하는 이마다 얻을 것이요, 찾는 이가 찾을 것이요, 두드리는 이에게 열릴 것

이니라" (마 7 : 7-8)

성경 말씀이 그대로 내 삶 속에서 이루어졌다. 나는 "진리 안에 자유롭게 하리라"라는 말씀이 무슨 뜻인지 깨닫지 못했었다.

이제는 성경 말씀을 이해하고 모두 믿고 받아들인다. 기독교는 살아있는 생명의 종교요, 체험의 종교이다. 체험이 없이는 진실로 믿기가 어렵고 영이 성장할 수도 없다. 반듯이 성령으로 거듭나야만 영이 성장할 수 있고 주님의 음성을 들을 수가 있다. 또한 천국과 지옥을 확실하게 영적으로 믿을 수가 있게 된다. 기독교는 단순한 종교가 아니다. 종교는 사람이 만든 도덕과 윤리 철학이지만 성경은 영감으로 쓴 살아있는 생명의 하나님 말씀이다. 사실을 기록한 인류 최초 시작의 역사와 현실과 미래의 일, 처음과 마지막 일까지도 사람을 통해서 성령으로 기록된 하나님의 친필이다.

많은 세월이 강물처럼 흘러갔어도 구름 속에서 나타난 예수님의 모습은 아직도 떠오를 때면 가슴이 뛰고 평생토록 잊을 수가 없다. 영적인 꿈과 환상은 수십 년이 흘러가도 어제 일과 같이 기억이 생생하다. 고난이 닥치면 죽을 것만 같고 뼈를 깎는 아픔이었지만 그 아픔을 통하여 말할 수 없는 축복이 되었다. 지난날에 수많은 상처와 아픔은 삼위일체 하나님을 각각 인격체로 만날 수 있는 생명의 통로, 천국의 통로가 되어 주었다. 세상에선 명예로도 부로도 가질 수 없는 홍보석과 청보석이 깔린 영롱한 빛의 영원한 생명의 길이 되었다. 이제는 고난을 허락하신 하나님께 모두 감사할 뿐이다.

2. 어느 화가의 변화된 삶

지금으로부터 40년 전의 일이다. 먼 훗날을 위해서 그림을 배웠다. 노후대책의 시간이랄까 언젠간 황혼 길에 모두 내 곁을 떠나 홀로 남았을 때 그날의 시간을 보내기 위해서였다. 올림픽 공원 앞에 빌딩 숲 작은 화실에서 젊은 초대작가를 만나 전도했던 지난 옛이야기다.

한겨울이 지나가고 동산엔 아지랑이 피어오르며 파란 싹이 나뭇가지마다 돋아나는 어느 화창한 봄날이었다. 두 아이를 등교시키고 나는 부지런히 승용차를 몰고 화실로 왔다. “선생님, 저 그림은 무슨 작품이에요?” 화실에 들어오니 새로운 추상화 작품이 햇빛에 스며드는 창가 쪽 벽에 커다란 액자 하나가 기대어 있었다. “예, 요번에 출전해 보려고요.” 선생님의 그림은 영적으로 예상답지 않은 느낌이 들었다. 지구를 떠나는 어느 작은 행성의 그림 같았다.

"선생님! 그 추상화 그림은 대상 작품이에요. 평범한 그림이 아니거든요."

"하! 이 여사님 과찬의 말씀입니다."

그림을 인정해 주니 입꼬리가 뒤로 돌아갈 정도로 좋아하셨다. 선생님은 창가에 기대서서 먼 곳을 향해 바라보고 계셨다. 무엇인가 쓸쓸하고 수심에 가득해 보이셨다. 그러한 모습이 안타까워 말씀을 전도하고 싶었다.

"선생님 그 창밖을 나가 저 새들처럼 마음껏 날아가고 싶죠?

하나님은 선생님의 그런 마음을 다 읽으시고 지금의 그 모습도 보고 계세요."

"아휴! 이 여사님 누군가 나의 생활을 모두 바라보고 있다면 무서워서 세상을 어떻게 살아가요?"

화가 선생님은 38살 노총각이셨다. 고향이 전라도라 가족과 떨어져 홀로 객지 생활이었다. 하남에 허름한 오만 원짜리 작은 방 한 칸과, 커다란 빈 창고를 얻어 그곳에 백 호짜리 작품들을 보관하며 작업실로 사용하고 계셨다. 술을 즐겨 냉장고에는 양주만 가득하다고 한다. 어느 때는 집에 오는 길에 너무 취해 길에서 잠깐 잠이 든 적도 있었다고 하였다. 마음이 아팠다. 얼마나 외롭고 쓸쓸해 괴로웠으면…….

얼굴은 긴 형에 선하고 착한 인상이었다. 선생님만 보면 안타까워 전도하려 애썼으나 지구를 옮기는 것보다 힘들고, 바늘로 바위를 뚫는 격이었다. 도저히 불가능하다는 뜻이다, 선생님의 아버지는 절 건물을 분칠하시는 분이셨으며 함께 절에서만 사셨다고 한다. 어려서 크리스마스 때라도 한 번도 교회에 가본 적이 없었다고 했다. 창가에 기대서서 있는 선생님을 바라보며

"선생님! 그 커튼으로 창문을 한번 가려 보세요." 선생은 의아한 듯 창에 있는 커튼으로 햇빛을 가렸다. 밝았던 화실이 갑자기 캄캄해졌다.

"선생님! 다시 그 커튼을 열어보세요." 다시 커튼을 치니 화실이 또 밝아졌다.

"선생님, 커튼을 가리 울 때는 책상 위에 먼지가 쌓여있어도 보이지를 않았어요. 그러나 커튼을 젖히니까 책상 밑에 깊은 속까지

도 먼지가 쌓인 것이 다 보이죠. 하나님은 저 태양 빛과 같이 선생님의 그런 마음도 살피시고 모든 행동을 다 보고 계시거든요. 선생님, 한번 미친 척하고 하나님을 믿어 보세요. 어떤 역사가 선생님께 나타나나요. 네? 선생님 제발요!"

화실 선생님께 안타깝게 호소하듯 말을 던졌다. 선생님은 그저 빙그레 미소만 지으며 창밖만 내려다보고 계셨다. 홍대를 나와 초대작가가 되어 미술학원에 어린이들과 성인들 몇 사람 가르칠 뿐이다. 나이는 먹어도 경제력 능력이 안 되어 결혼도 어려워 여러 가지 고민이 많을 것 같았다. 내가 다니는 교회에 부흥회가 있었다. 화실에 선생님께 전화했다.

"선생님, 우리 교회에서 부흥회 해요. 꼭 한번 참석해 보세요."

임마누엘 교회는 화실을 지나가는 길목이라 선생님을 태워서 함께 가도 되었다. 하지만 옆 사람 의식을 하면 성령의 역사와 은혜가 잘 안된다. 혼자 가서 하나님을 일대일로 만나야 한다. 생사화복을 주장하시는 하나님께 모두 맡겼다. 부흥회 예배가 끝나고 다음 날이었다. 이른 아침부터 일찍 화실에서 선생님께 전화가 왔다. 기적이 일어났다.

"이 여사님! 어제 부흥회 참석했습니다. 내 평생에 눈물 콧물 범벅이 돼서 그렇게 많이 울어 본 적은 처음입니다. 얼마나 내가 어리석고 무지했는지 회개했습니다. 이 여사님, 저의 영혼을 살려주셔서 너무 감사합니다."

참으로 기가 막힌 일이었다. 전도하려면 대화가 전혀 안 되는 꽉 막힌 선생님이었다. 나는 할 수 없으나 불가능이 없으신 하나님은 바늘로 바위를 뚫으셨다. 지구도 옮기셨다. 기적이었다. 다음날 가슴이 벅차 화실에 가서 선생님을 만났다. 아! 선생님의 얼굴은 옛 모습이 아니었다. 얼굴빛이 마치 초가지붕 위에 보름달 빛에 활짝 핀 하얀 박꽃처럼 피어있었다. 수심이 가득했던 근심 걱정은 간곳없이 사라지고 너무도 평화스럽고 사랑스러운 모습이었다. 주님을 만나 잠든 영혼이 깨어난 것이었다.

그러나 거듭난 그날부터는 영적 전쟁이 벌어진다. 또 그것을 잘 통과해야만 한다. 화가 선생님께는 앞으로 마귀가 강하게 역사할 것이 불 보듯 했다. 이제부터 혹독한 영적 전쟁이 벌어진다. 그러나 택한 자녀는 이제 하나님이 함께하시며 성령님이 도우신다.

"선생님 축하해요, 이제 말이 좀 통하겠네요?"

"네, 이 여사님 그동안 저를 보고 얼마나 답답하셨어요."

"아뇨 전혀 답답하지 않았어요. 당연하니까요. 시각장애인이 어떻게 앞을 볼 수 있으며, 청각장애인이 어찌 말을 들을 수가 있겠어요. 앞으로 선생님도 세상을 보면 답답하고 사람들과의 관계는 영적으로 외롭고 고독해질 것입니다. 하지만 세상에서 누리지 못하는 마음의 천국은 누리며 살아갈 것입니다. 선생님도 저에게 처음부터 그림을 어떻게 화가처럼 잘 그릴 수 있겠느냐고 하셨죠? 저도 마찬가지죠."

화가는 자기를 발견한 것이다. 인간에게 있어서 가장 중요한 본질을 깨달은 것이다. 내가 누구이며, 내가 어디서 와서 어디로 가는지를 깨달은 것이다. 평생을 아버지와 함께 절에서만 살았던 화가는 하나님을 인격적으로 만나 거듭난 것이었다. 하늘에서 내려준 놀라운 축복 이것은 기적이었다.

변화된 그 이후부터 선생님의 추상화 그림은 성화로 바뀌었다. 가르치는 아이마다 전도하려고 예수전도단이 되어버리셨다. 그러나 밤마다 조상들의 귀신 악령들과 영적 전쟁이 드디어 벌어졌다. 마귀와 악령 귀신들이 순순히 보내줄 이가 만무하다. 선생님은 밤이면 밤마다 자다가 숨이 막혀서 눈을 떠보면 왼손이 자기의 목을 조르고 있다는 것이었다. 목을 누르고 있는 왼손을 오른손으로 떼

려니 얼마나 힘이 세고 강한지 한밤중에 식은땀이 나도록 격투가 벌어진다고 하였다. 아버지는 절에서 우상숭배를 하며 평생을 사셨는데 그 조상귀신들이 그렇게 쉽게 보내줄 이가 만무하다.

하나님은 그것조차도 아시고 귀신을 쫓는 축사를 강하게 하시는 목사님 교회로 보내 주셔서 축사 기도를 받고, 귀신을 내쫓는 축사 기도도 배우게 하셨다. 결국 마귀들과 싸워 선생님은 승리하였다. 한밤중 조상들의 귀신들과 전쟁은 이제 끝난 것이다. 선생님의 마지막 추상화 작품은 지구를 떠나는 작은 행성이었다. 그것은 썩고 죽을 육신의 삶을 떠나 하늘에 소망을 두고 영적인 삶으로 바뀌는 작품이었다. 선생님은 예수님을 영접하고 새로 태어나서 마음에 기쁨과 평안을 얻었다. 38살 노총각에 오만 원짜리 초라한 작은 방 한 칸에 살던 환경이 미스코리아와 같은 아름다운 전도사님의 딸을 만나 결혼하게 되었고. 아내를 통하여 분당에 35평짜리 아파트를 분양받게 되었다. 축복이 광주리로 흘러넘쳤다. 지금은 아내와 함께 교회에서 열심히 봉사하며 행복하게 살아가고 있다.

이렇게 회개하고 돌아오면 하나님은 저주도 끊으시고, 운명도 바꾸고, 팔자도 고치시는 하나님이시었다. 그분은 우주 만물들을 창조하시고 모든 생사화복을 주관하시는 창조주 하나님이시기 때문이다. 더욱 중요한 것은 모든 피조물 가운데 사람만은 하나님 형상으로 창조하셔서 하나님의 자녀로 만드셨다는 엄청난 기가 막힌 사건이다. 이것을 백지에 까만 글자 문자적으로 아는 것이 아니라 영적으로 깨달아져야 한다.

초대 작가의 변화된 삶을 보면서, 어떠한 사람이든 불가능한 사람이라고 부정적으로 판단하고 포기해선 안 된다고 생각했다. 그 사람의 형편과 환경 성장 과정을 먼저 이해해 주어야 한다. 가장 중요한 것은 사랑이다. 예수님 십자가의 사랑이 없으면 전도란 어려운 것이다. 상대가 어떠한 사람이든 불쌍한 마음과 긍휼한 마음으로 사랑할 때 성령이 역사하신다. 그분 앞에서는 불가능이 없는 우주의 주인이시며 창조자 하나님이시기 때문이다.

3. 공포의 기말시험

하나님을 의뢰하고 경외하는 자는 그 인생을 주님께서 책임져 주신다.

파노라마와 같은 인생 이제 모두 내려놓고 죽으면 죽으리라는 각오하고 신학을 들어가게 되었다. 남편을 통하여 심한 스트레스로 정신과, 신경과, 내과, 안과, 이렇게 여러 병원에 다니며 머리맡에는 약 보따리가 언제나 하나 가득하였다. 그러나 하나님의 첫사랑을 회복한 뒤에 그 많은 약들을 쓰레기통에 버리고 신학에 들어갔다. 다섯 줄만 읽으면 눈이 피로해 저절로 눈이 감겼었다. 책을 도저히 읽을 수가 없는 상황이었다. 신경과와 안과 의사는 운전면허증은 딸 수 없으며 신학을 공부하는 것은 더더욱 불가능하다고 했다. 하지만 주님을 위해 죽을 각오로 하고 살면 불가능이 없다. 운전면허증을 땄다. 신학을 공부하면서 모든 질병을 완벽하게 하나님은 치료해 주셨다. 불가능을 가능케 하시는 살아계신 하나님이시다.

한 학기를 마치는 초여름이 다가왔다. 드디어 기말고사 시험이다. 두 자녀와 남편이 잠든 뒤 독서실에 가서 밤새며 공부를 했다. 세상일에 매여서 십 년에 한 권의 책도 읽지 않는 내가 늦둥이로 소명 받아 일주일에 두세 권씩 읽어가며 신학을 공부하려 하니, 시험에 공포증이 심하다. 각 과목 교수님의 숙제 리포트를 쓰려면 책을 안 읽을 수가 없었다. 다음날 남편과 아이들을 챙겨 보내고 버스를 타고 신학교에 도착했다. 부지런히 교실에 들어오니 쥐 죽은 듯 조용하며 모두 책상에 앉아 공부하느라 머리도 돌리지 않는다. 가방을 풀고 자리에 앉았다. 모든 시험은 주관식이다.

나이도 많아 외우기 어려워 객관식이어야 문제를 보고 생각을 할 텐데 커다란 백지 한 장을 나누어주고 다섯 문제를 칠판에 교수님은 써놓으신다.

주관식이며 논설식이다. 앞이 캄캄했다. 첫 번째 시험은 설교 학이었다. 설 교학은 학장님이 직접 가르치셨다. 소명 받아 모두 나이들이 많아서 군소 신학을 들어와 힘들게 공부하는지를 아시고 오픈 북으로 첫 시험은 무사히 끝냈다. 오픈 북도 공부하지 않으면 못 한다. 쉬는 시간에 동료들의 성경책들을 들춰 보았다. 모두 빨간색 파란색 사인펜으로 줄을 그어 창세기부터 요한계시록까지 온통 단풍 물을 들였다. 나의 성경책은 너무 깨끗해서 창피해서 펴놓을 수가 없었다. 드디어 어려운 비교종교학 시험 시간이 되었다. 시험을 망치면 어쩌나! 너무 걱정되어 텅빈 교실에 가서 울며 기도하였다.

중학교 교감 선생님은 목사님이 되셔서 32년 만에 만나 내 간증을 듣고 신학교를 추천해 주셨다. 학장님은 너무 훌륭한 학생을 추천해 주셔서 감사하다고 전화가 왔다며 교감 선생님은 너무 좋아하시며 칭찬해 주셨다. 그런데 시험을 백지로 내면 어쩌나 걱정이 되어 기도하는 것이었다.

"아버지, 외울 수가 없는데, 비교종교학은 모두 종교 역사 이야기인데 어떡해요? 학장님은 아주 훌륭한 학생을 추천해 주셔서 감사하다고 교감 선생님께 전화가 왔다고 나에게 칭찬해 주셨어요. 그런데 시험을 백지로 내면 얼굴은 멀쩡하게 똑똑하게 생겨놓고선 무슨 망신이에요. 추천해 주신 교감 선생님 체면은 어떠하고요. 창조주 아버지, 시험을 잘 치를 수 있도록 제발 도와주세요."

그리고 펑펑 울었다. 눈물을 닦고 빨갛게 토끼 눈이 돼서 교실로 들어와 한번 책을 들춰 보려 했더니 갑자기 글씨가 백지에 까맣게 점자로 보였다. 아무것도 글씨가 보이지 않아 읽을 수가 없어서 그냥 책을 덮어버렸다. 비교종교학 교수님이 들어오셨다. 가슴이 두근두근 뛰기 시작했다. 칼빈 신학 대학에서 교수님이 오셔서 가르치신다. 까다롭고 완전 보수파다. 한국에 이단을 제명하시는 교수님이었다. 책상 위에 하얀 백지가 날아와 놓였다. 시험지를 받는 순간 머릿속이 하얗고 노랗고 폭풍 속 난리가 났다. 교실 천장을 바라보며 땅이 꺼지라고 긴 한숨부터 내리 쉬었다. 교수님은 다섯 가지 문제를 하나하나 칠판에 써 내려가셨다. 아! 그런데 이게 웬 일인가? 모두 아는 문제였다. 교수님이 평소에 강의하시면서 외우려 하지 말고 이해를 하고 들으라고 하셨다.

외우는 것은 나이가 많아 바로 잊어버리나, 이해하는 것은 잊어버리지 않는다는 것이다. 그러니 강의 시간을 빠지지 말고 꼭 들으라고 말씀하셨다. 약간에 다원주의 사상이었던 내가 비교종교학을 배우면서 완전히 올바른 기독교 신앙으로 정립이 되었다. "부산에서 가든 전라도에서 가든지 서울만 가면 되지 않는가?" 불교, 천주교, 기독교가 같은 진리의 길이라고 터무니없는 생각을 했기 때문이다. 성령을 받고 거듭나면 신학을 반드시 공부해야만 한다고 생각했다. 올바른 성경 지식이 없으면 사탄에게 속아 다른 길로 가기가 쉽기 때문이다. 첫 문제가 기독교와 타 종교에 대한 차이점을 쓰라는 것이었다. 큰 백지를 앞뒤로 꽉 채워서 다섯 문제를 모두

써 내려갔다. 그리고 끝줄에 교수님께 감사의 말을 썼다. 너무나 나에게는 비교종교학이 유익했고 중요한 시간이었다.

나이도 제일 많아 부족한 내가 첫 번째로 시험지를 제출하고 교실 밖으로 나갔다. 암기도 못 하는데 기적이다. 다시 교실에 들어오니 모두 가버리고 가장 공부를 잘하는 장학생이 늦게까지 시험지를 붙들고 있었다. 시험지를 제출하면 바로 집에 가는 것인 줄도 모르고 빈 교실에서 바보같이 기다리고 앉아 있었다. 가방을 들고 나오니 다음 학기 책을 받은 것들이 너무 무거웠다. 신작로 길을 나오면서 팔다리에 힘이 갑자기 빠져 그냥 땅바닥에 털썩 주저앉고 말았다. 또 주님께 징징거리고 울었다.

"주님, 당신의 길 가는 것이 이렇게 어려운가요? 너무 힘이 들어요."

주님의 세미한 음성이 깊은 마음속에서 들려왔다. "사랑하는 딸아, 가방을 어깨에 메 보아라!" 힘없이 일어나 무거운 책가방을 어깨에 메 보았다. 아! 그런데 이게 웬일인가? 가방이 갑자기 작은 핸드백과 같이 가벼워졌다. 너무 신기해 웃음이 절로 터져 나왔다.

"우리 아버지가 최고다. 내가 하나님 아버지 없이 어떻게 살아가누!"

감사하다는 말도 없이 신바람이 나서 가방을 들고 뛰어 버스정류장을 한걸음에 달려왔다. 집으로 돌아와 심장이 뛰던 시험이 끝나서 흥겹게 콧노래 부르며 청소기를 돌렸다. 오늘은 너무 기분이 좋은 날이었다. 십자가를 바라보며 주님께 모두 감사했다. 갑자기 따르릉! 전화가 왔다. 청소기를 끄고 전화를 받았다. 어느 낯선 남자한테 전화가 걸려 왔다. "누구세요?" 물어도 이름을 밝히지 않고 자꾸만 "접니다. 제가 잘 아는 사람입니다."라고만 말하여 장난 전화인지 알고 화를 벌컥 냈다. "아아 – 저 비교종교학 박영관 교수입니다."

어찌나 민망했던지 정중히 사과를 드렸다. 내게 오빠들 아니고는 남자한테 전화 올 때가 없어서 그렇다고 말씀을 드렸다. 교수님이 저에게 어쩐 일이냐고 물었다. 교수님은 시험을 제일 잘 치렀고 평생 제자들을 가르치는 중에 가장 보람이 있었다고 말씀하셨다. "그러니 제가 기분이 너무 좋아 음식을 대접하겠습니다. 워커힐 앞으로 나오세요!"라고 말씀하셨다. "아니, 교수님! 잘 가르쳐주셔서 내가 시험을 잘 치렀는데 교수님께 제가 음식을 대접해야죠, 스승이 제자를 대접하는 게 어디 있어요?"

제가 음식을 대접하겠다고 하며 올림픽공원 앞에 있는 임마누엘 교회 정문 앞으로 나오시라고 하였다. 내가 안내한다니 마음이 안

놓인 듯 교수님은 주차를 걱정하셨다. 주차는 걱정 안 하셔도 되니 제가 알아서 안내해 드리겠다고 하였다. 교회 앞에서 교수님을 만나 안전하게 에스코트(escort)했다. 교수님 차가 안 보이면 오른쪽에 대기해 놓고 비상 깜박이기를 틀고 기다렸다가 교수님 차가 보이면 다시 운전하였다. 남한산성 뒷길 도자기 작가의 차와 겸하는 한식집으로 모셨다.

경치는 나무숲이 우거져 아름다운 곳이었다. 실내에는 도자기 작품들이 많아 볼거리들이 많았다. 음식점으로 들어가 주인 작가에게 교수님을 소개했다. 특별히 맛있게 해달라고 주인 마담한테 부탁을 드렸다. 두 부부 작가는 예술성이 물씬 풍기고 키도 크고 멋있게들 생기었다. 상이 진수성찬이었다. 교수님 초대라니까 특별히 서비스도 많고 친절하게 대해주어서 정말 고마웠다. 교수님은 두 손을 무릎 사이로 넣고 얼굴을 붉히면서 주인 작가에게 말했다.

"내 평생 제자한테 내가 작아보이기는 생전 처음이네요." 부끄러워하시면서 웃으시었다. 난 너무 흐뭇하고 기분이 좋았다. 교수님은 식사가 끝나고 자기 연구실로 안내하였다. 교수님이 쓴 비교종교학에 관한 책을 6권을 선물로 주셨다. 이단에서 배운 자료들을 교수님이 달라고 하셔서 도움이 될 수 있기에 모두 필기한 노트 자료를 드렸다. 이단으로 들어가 직접 공부했던 것은, 전쟁터에 나가 적을 알아야 영적 싸움에서 적을 이길 수가 있기 때문이었다. 이단 삼단 말이 많으니 사람들 몰래 현장으로 뛰어 들어가 배웠다.

"교수님! 이제 더는 이단을 찾아다니며 공부 안 해도 되겠어요. 교수님이 쓴 책이 이단에 대한 글을 이렇게 정란하게 잘 정리되어 설명되었으니, 말이에요" "하지만, 이 전도사는 나보다 공부를 더 잘하셨어요. 나는 책만 가지고 번역해서 공부만 했지만, 이 전도사는 실제 이단 현장에 들어가서 공부했잖아요. 박사학위를 걸쳐 신학을 공부하며 많은 제자를 평생 가르치면서 교회도 함께 사역을 해왔습니다. 그러나 내가 진정 주님을 만나게 된 것은 오십이 넘어서야 뒤늦게 거듭나 주님을 만났답니다. 이전에는 영적 체험이 없는 지식으로만 쌓은 윤리와 도덕이었죠."

이제는 모든 것을 내려놓고 선교지로 떠나 일하고 싶다고 하셨다. 교수님은 함께 일할 생각은 없느냐고 하셨다. 나의 형편은 아직 아이들 공부를 다 마쳐야만 했다. 현재는 부임을 받아도 자녀들 때문에 묶여있었다. 나의 목적은 기도원을 설립하는 것이었다. 교회를 깨트리고 분쟁시키는 사악한 영들을 바로 잡아 교회를 회복시키는 사역이다. 교회가 아버지의 역할이라면 기도원은 내조하는 어머니의 역할이라고 생각했기 때문이다. 교회 목사가 되는 것은 원치 않았다. 교수님은 기도원을 하되 산으로는 들어가지 말고 상가 4층을 전세를 얻어서 개척하며 상담 사역을 하라고 하셨다. 지하실이나 사글세는 절대로 얻지 말라고 하셨다. 여러 가지 교훈을 주시고 너무도 값지고 귀한 선물을 교수님께 받았다. 시중에서 사려면 책이 없을 거라고 말씀하셨다. 그 귀한 책을 잠시 살고 있었던 호주에 그만두고 오고 말았다.

고마운 교수님이 이 세상에 지금은 어디에도 안 계신다. 호주에서 다시 한국으로 귀국하여 돌아오자마자 중학교 교감 선생님이었던 목사님께 교수님 안부를 물었더니 돌아가셨다고 하였다. 너무 놀라 청천벽력이었다. 아직도 50대 일할 나이 한참 젊으신데 너무나 일찍 돌아가셨다. 교수님께 비교종교학을 착실하게 잘 배워서 기독교 교리와 신앙이 반듯하게 세워졌다. 또 하나의 종교가 탄생하여 교주가 될 뻔한 나에겐 크나큰 은인이시다. 박 교수님이 문득 떠오를 때마다 공포의 기말고사 비교종교학 시험을 보던 생각이 잊을 수가 없다. 앞이 캄캄하고 갈 바를 알지 못해 힘들 때 사람을 믿고 의지하면 상처를 받으나 주님께 달려가 무릎을 꿇고 간구하면 그분은 완벽하게 해결해 주시며 인도해 주신다. 사람을 믿고 의지하지 말고 주님을 의지하자!

4. 7시간 동안의 사후세계

사람은 죽으면 끝이 아니었다. 죽음이란 육체와 영혼이 분리되는 것이었다. 모든 피조물 중에 사람만이 영이 있기 때문이다. 육체는 죽지만 영은 영원히 존재한다는 것이다. 또한 사람에겐 죽으면 사후세계에 생명 기록 책이 있었고 기록된 대로 각자 처소로 보내는 영혼의 심판이 있었다.

지금으로부터 40년 전의 일이다. 남편은 현대건설 해외 공사부로 발령이 내려 중동에 이년 육 개월 있다가 오게 되었다. 딸은 두 살이었고 아들은 다섯 살이었다. 아침 식사와 청소를 끝내고 잠깐 밖에 나왔다. "누가 아픈가?" 멀리 저편에서 병원 백차가 아파트에 주차하고 있었다. 하얀 가운을 입은 남자 의사와 간호사가 서성거리고 있었다. 그들은 나를 보자마자 서서히 가까이 다가왔다. "자녀가 몇이십니까?"하고 나에게 물었다. "아들 하나, 딸 하나입니다."

말이 끝나기도 무섭게 간호사는 참 잘됐다면서 복강경 중절 수술을 하라고 권했다. 간호사는 남편도 없으니 얼마나 좋은 기회냐고 15분이면 간단히 끝난다고 설득했다. 내 생각도 남편이 없을 때 수술하는 것이 좋을 것 같았다. 그 시절엔 박정희 대통령이 인구 조성하는 때였다. 나라는 가난하고 인구가 많으니 "둘만 낳아 잘 살아보세" 나라에서 무료로 수술비를 대주었다. 이참 해서 아이들 아빠가 없을 때 수술하는 것이 좋다고 생각했다. "아이는 어떡하죠?" 하고 나는 간호사한테 말했다.

잠깐이면 수술이 끝나니까 아기는 옆집에 잠시 맡기고 아들은 간호사가 봐준다고 하였다. 15분이면 끝난다니 가벼운 마음으로 두 살배기 딸은 옆집에 부탁하고 어린 다섯 살짜리 아들과 함께 병원 백차에 올라탔다. 의사와 간호사 안내로 을지로 백병원으로 도착하였다. 병원은 사람이 그리 많지는 않았다. 아들은 간호사 손을 잡고 소파에 앉았고 나는 수술실로 들어갔다. 커다란 철문이 열리면서 수술대 위로 올라갔다. 홀로 이러한 내 모습이 왠지 처량하고 서글프기도 했다. 천정에는 밝은 등 여러 개가 나를 향해 비추었다. 의사는 코에 마취를 시켰다. 하나둘 세어보라고 하였다. "하나, 둘, 셋"하고 그 다음은 기억이 없다.

수술은 시작되었다. 수술이 끝나고 수면하는 동안 병원은 발칵 뒤집혔다. 15분 만에 마취에서 깨어나야 하는데 11시에 수술실에 들어가서 7시간 동안 깨어나지 않는 것이었다. 참 기가 막힐 노릇이었을 게다. 남편은 해외가 있고 두 살 아기는 옆집에 맡겨놓고 다섯 살 아들은 간호사가 복도 소파에서 장시간을 돌보고 있다. 멀쩡하고 건강한 주부를 데려와 복강경 수술을 무료로 해준다고 하더니 수술한 뒤 주부가 깨어나지를 않는 것을 보고, 이 얼마나 책임이 무겁고 난리가 났을까? 어처구니없는 노릇이었을 게다.

그때 육체 속에서 영혼이 빠져나가 사후세계를 다녀온 것이었다. 나는 어디론가 한없이 가고 있었다. 끝없이 가는 길은 산을 넘고 또 넘어 7곱 산을 넘어가는 것이었다. 24살에 지옥과 천국 갔다 왔을 때도 일곱 산을 넘어갔었는데 그 일곱 산은 무엇을 의미하는 것일까? 7이라는 숫자는 완전수를 말하는데. 얼마만큼 오니까 커다란 궁전 같은 아주 높은 집이 보였다. 모두가 금으로 된 집이었다. 이상한 것은 문이 열두 대문이 있는데 그 열두 대문이 모두 활짝 열려있는 것이었다. 열두대문은 무슨 뜻일까? 그곳을 향하여 천천히 걸어 들어갔다. 마당은 넓고 아무 소리도 없이 조용했다. 마지막 대문을 들어가 보니 영화 사극에서 보는 임금의 자리처럼 높은 보좌 위에 어떤 신선 같은 분이 앉아 있었다. 나이가 많아 보였다. 보좌 위를 바라보니 왼쪽에는 커다란 벼루와 붓이 걸려있었고 오른쪽엔 크고 넓은 책이 펼쳐져 있었다. 보좌 위에 계신 분은 나를 향해 바라보며 물었다.

"너는 왜 이곳에 왔느냐?"라고 묻자 "예, 이제 쉬러 왔습니다." 라고 말하였다. 아마 이승에서 아이들 둘을 혼자 키우면서 너무 삶이 힘들고 지친 것 같았다. 그 신선은 "잠깐만 기다려 보아라." 하며 아주 커다란 책장을 오른손으로 들춰 보는 것이었다. 희귀한 것은 그 책에는 많은 사람의 이름들이 빽빽하게 적혀있었다. 이름 한자 한자가 나올 때마다 그 사람의 일생이 다 기록되어 있었다. 태어나서 죽을 때까지의 일들이 한 찰나에 필름처럼 보였다. 마치 번갯불이 반짝 빛나고 사라지는 속도 속에서 모든 기록이 보이는 것이었다. 이승에서는 도저히 이해할 수 없는 일이고 있을 수도 없는 일들이었다. 사후세계는 시공을 초월하는 우리가 생각할 수 있는 세계가 아니다. 사람이 생각하는 논리와 과학적 이론이 해당이 안 되는 곳이었다. 인간이 상상할 수 없는 초능력의 세계이었다. 그 책은 신약성경 요한계시록에서 나오는 생명 기록 책 같았다. 사람이 죽으면 먼저 심판대 위에 서서 생명책에 기록된 행위대로 파송하는 대기 장소인 것 같았다. 신선은 큰 책장을 넘기며 보더니 나를 향해 바라보면서 말했다.

"아직 너는 올 때가 안됐다. 다시 돌아가도록 하여라." 하는 것이었다. 그 말을 듣고 펄쩍 뛰었다. "안 됩니다. 나는 절대로 돌아가지 않을 것입니다. 이제 편히 쉬러 왔습니다."

내 영혼은 이승에서 살아간다는 것이 너무 버겁고 힘들어 돌아가기가 싫었다. 신선은 단호히 거절했다. 아직 때가 안 되었다는 것이다. 왼쪽 저편에 보이는 소복을 입고 무릎을 꿇으며 고개 숙여 있는 한 여인이 있었다. 보좌에 있는 신선에게 물었다. 저기 저 여인은 그대로 있는데 왜 나만 돌아가라고 하냐고 투정답게 물었다. 신선은 다시 나에게 말했다. 그 여인은 이제 이곳에 올 때가 되어서 온 것이라고 말하였다. 그래도 나는 안 돌아가겠다고 버티었다. 정말 이 세상에 내려오고 싶지 않았다.

신선은 "이 여인을 당장 내보내도록 하여라." 아주 큰 소리로 명령이 떨어지자 갑자기 키가 3m가량 되는 장정한 두 남자가 나타나 나의 양팔을 번쩍 들어 올렸다. 마치 거인이 난쟁이를 들어 올리는 모습과도 같았다. 지난날에도 천국 가서 천사를 보았을 때 여자 천사는 3m가량 아주 거인과 같았다. 영계의 사람은 이승의 사람과 좀 달랐다. 마치 이승은 난쟁이 나라와 저승은 거인의 나라와 같았다.

두 장정은 나를 높이 들어 궁전 밖으로 던졌다. "콰당 탕, 탕탕! 대문을 닫는데 철문의 소리가 얼마나 크고 길게 메아리를 치는지 아직도 그 여운이 귓가에 실화같이 쟁쟁하다. 영적인 환상이나 꿈은 몇십 년이 지나도 어제 일과 같아 기억이 생생하다. 거인인 장정 손에 내던져진 나는 하나도 넘어지지도 않고 신기하게 오뚝이와 같이 똑바로 서 있었다. 또다시 활짝 열린 12대 문을 나와 걷기 시작하였다. 두 다리는 흐느적흐느적 육체와 영혼은 지칠 대로 지쳐 있었다. 끝이 없는 많은 길을 왔는데 또다시 그 먼 길을 돌아가야 한다는 생각에 몸과 마음도 기력이 다 쇠하였다. 가도 가도 종착역이 없는 길을 마냥 걷고 또 걸었다. 다리가 몹시 아팠다. 지나가다 바위라도 걸터앉아 쉬었다 가면 얼마나 좋을까? 쉬지도 않고 한없이 걷기만 했다. 아마 앉으면 죽는 것인가 보다. 얼마만큼 가니까 마치 비행기를 타고 저 아래 육지를 내려다보듯 멀리서 마을이 보이기 시작했다. 사람 소리도 개미 소리만큼 들려오기 시작했다. 아주 작은 목소리들이 들려왔다.

"살았어! 살았어!"라는 소리가 가깝게 점점 점 크게 들려오기 시작했다. 그러더니 얼굴을 누군가 툭툭 치는 것 같았다. 그 감각이 더욱 강하게 점점 느껴지기 시작했다.

"아주머니 정신이 드세요? 정신이 들면 눈을 떠보세요."

깊은 신음과 함께 눈을 지그시 떴다. 나의 영혼이 육체로 들어온 것이었다. 눈을 떠보니 각 병실에 있는 의사들이 퇴근을 못 하고 내가 깨어나기만 얼굴을 쳐다보고 있었다. 하얀 가운에 까만 두 눈동자만 보였다. 깨어나는 것을 보고서야 의사들은 한숨을 모두 내쉬면서 참으로 이런 일은 백 명 중의 한 사람 있을까 말까 하다며 서로 중얼거리며 바삐 흩어져 병실을 빠져나가기에 바빴다. 병원에서는 택시를 잡아 어린 아들과 나를 태우고 아파트까지 데려다 주라고 운전사에게 택시비 주면서 말하였다. 택시 운전사를 통해 아파트에 도착하여 운전사 등에 업혀 현관문을 열고 들어왔다.

시집에다 곧바로 전화해서 수술 상황을 이야기하고 아들을 데려가 돌봐달라고 하였다. 시집에서는 모두 놀래 또 발칵 뒤집혔다. 어떻게 수술하는데 연락도 하지 않고 혼자서 겁도 없이 일을 저지른다고 혼들이 났다. 착하고 예쁜 시누이는 당장 밤으로 달려와 아들을 데려갔다. 두 살배기 딸만 내가 회복될 때까지 돌보기로 했다. 이러한 일들을 가족이나 누구에게 입 밖에도 내어, 본 적이 없다. 처음으로 글로 써보는 것이다. 나는 간증을 잘 하지를 않는다. 어쩌면 간증하지 않으니, 주님은 글로 쓰게 하시는 것 같다. 24살 때는 지옥과 천국을 보여주시더니 32살에는 수술 병실에서 육체 속에 영혼이 떠나 사후세계에 가서 생명 기록 책을 보여주셨다.

사람이 죽으면 끝이 아니었다. 육체는 흙으로 왔으니, 흙으로 돌아가고 육체 속에 있는 영혼은 또다시 영의 세계로 돌아가는 것이었다. 짐승은 영이 없어 죽으면 흙으로, 자연으로 돌아간다. 하나님께서 사람만 하나님 형상대로 창조하셨다고 말씀하셨다. 하나님 닮게 인간을 만들었다는 것이다. 따라서 사람에게만 신격이 있어 보이는 세계가 육신으로는 그 어떤 것에도 만족하지 못한다. 그 때문에 외롭고 고독해서 모두 신들을 찾는 것이다. 사람이 타락하기 이전 에덴동산에서 살았던 고향을 그리며 부모를 찾는다는 것은 당연한 본질이다. 창조의 신은 인간의 영혼 아버지이기 때문이다.

사람은 죽으면 반드시 사후세계에서 심판이 따른다. 그 심판에 따라 각자 심은 대로 천국과 지옥 두 영의 세계로 돌아간다. 많은 사람이 하나님을 믿지 않고 이성 잃은 짐승과 같이 살아간다. 죽으면 끝이 아닌데 말이다. 인생이 정신없이 바쁘게 살다가 마지막에는 철저하게 죽음을 준비하며 살아가는 결산이 필요하다. 잘못 산 것, 남을 아프게 하고 억울하게 한 것, 빠짐없이 찾아서 회개하고 하나님 말씀대로 살려고 선한 일에 힘써야 한다. 내가 어디서 와서 어디로 가는 것인가를 깨닫게 되면 모두 꼭 가야 할 고향 집 천국이다. 지옥으로 가선 절대로 안 된다. 우리가 왔던 곳 하나님의 나라로 다시 돌아가야만 한다. 나는 그곳을 갔다 왔기에 확실하게 말할 수 있다. 성경 말씀을 믿어야 한다. 성경은 천국과 지옥 가는 길을 안내하는 지도책이었다.

5. 까만 구렁이 꿈

인생이 살아가노라면 나와 상관없이 감당하기 어려운 일들이 닥친다. 나에게도 뜻하지 않은 재앙을 통해서 까만 구렁이의 영적인 꿈을 꾸게 된다.

오래전 지난 어느 날이었다. 깊은 잠이 들어 꿈을 꾼다. 들판을 조금 지나 오른쪽은 숲길이었고 왼쪽에는 아주 높은 담이 있었다. 그 담 너머에는 새까만 굵은 구렁이가 꼿꼿이 서서 나를 뚫어지게 내려다보고 있는 것이었다. 무서운 게 아니라 기분이 너무 나빠서 주둥아리를 손으로 세게 후려쳤다. 화가 잔뜩 난 구렁이는 순간 담을 훌쩍 뛰어넘어 꼿꼿이 서서 나를 따라오는 것이었다. 죽을힘을 다해 뛰고 또 뛰었다. 아무리 뛰어도 구렁이 한 걸음이면 바로 내 곁에 와있었다. 내 몸은 어느새 아파트 7층 베란다로 올라와서 문을 재빨리 닫으려 했다. 힘을 주어 아무리 닫으려 해도 안 닫혔다. 고개를 들고 보니 언제 쫓아와 구렁이 목이 방문에 걸려 안 닫히는 것이었다. 갑자기 방바닥에 잘 다듬어진 통나무가 놓여있었다.

"그래, 저걸로 때려잡자!" 하려다

공연히 설 때리면 내가 잡아먹힐 그것만 같았다. 두 번째 또 커다란 도끼가 놓여있었다.

"그래 저 도끼로 목을 치자!"

도끼를 손에 들려다가 또 내려놓았다. 어려서 몰래 앞마당에 있는 장작을 패다가 도끼 쇠는 빠져 저만치 나가떨어지고 손에는 도끼 나무 자루만 들고 있었던 생각이 났다. 만약 저 구렁이에게도 그런 실수한다면 영락없이 구렁이에게 잡아먹힌다, 생각하니 도끼도 잡지 않았다. 세 번째였다. 이번엔 또 방바닥에 검이 놓여있었다. 그 검은 눈이 부시도록 광채가 났고 갑자기 온방이 밝아졌다. 성경에서 나오는 검이었다. 양날이 섰으며 아주 짧은 검이었다. 얼른 빛이 나는 검을 손에 쥐었다. 이것이면 저 구렁이를 죽일 수 있다고 자신감이 생겼다. 그 검을 들고 구렁이의 목 옆 급소를 찔렀다. 목이 너무 두꺼워서 뿌드득 하고 칼이 빨리 들어가지 않는 느낌이 생시같이 손에 실감 나게 느껴졌다.

다시 칼을 빼서 있는 힘을 다해 두 번째는 더욱 세게 찔렀다. 두 번째 목을 푹 찌른 칼은 쉽게 들어가고 쉽게 목에서 칼이 빠져나왔다. 갑자기 목에서 피가 천정으로 치솟고 베란다에서 쿵! 하고 드디어 쓰러져 죽었다. 통쾌하고 희열을 느꼈다. 조상 대대로 내려오는 우상 숭배했던 아주 커다란 사탄이었고 구렁이의 몸속에 있는 엄청난 큰 악령이었다. 가계로부터 내려오는 저주를 끊어버린 것이다. 방으로 들어오지 못하고 베란다에서 쓰러져 죽었기에 회사의 부도로 많은 빚도 깨끗이 해결되었고 독실한 불교인 어머니는 기독교로 개종하시게 되었다. 나는 신학을 들어가 목사가 되어 불교 집안이었던 우리 집안은 행사 때마다 가정예배를 드리게 되었다. 모두가 기적 같은 일들이었다. 역전의 살아계신 하나님이다. 24살 때 하나님을 만나고 영 안이 열리면서 어머니께 물었던 기억이 난다.

"엄마, 나는 엄마도 안 닮고 아버지도 안 닮았고, 친할머니 쪽으로 닮았네. 혹 친할머니 쪽에 누구라도 큰 신당을 섬기는 분이 있었어요?" 어머니는 그렇다고 말씀하셨다.

"그래, 너는 아버지도 엄마도 안 닮고 친할머니를 닮았단다. 친할머니 언니가 이순신 장군 큰 신당을 섬겼지. 굿하고 춤추는 것이 아니고 점을 봐주며 상담해 주는 편이었단다. 마을에서 제일 큰 신당이었단다. 많은 사람이 점을 보러오면 꼭꼭 맞았단다."

아! 그래서 중학교 어린 시절부터 아이들이 나에게 상담하러 왔구나! 각자 자기들끼리 노는 클래스 멤버가 있다. 하지만 모두가 마음에 있는 이야기는 나에게 와서 이야기를 나누며 상의한다. 가정환경 문제라던가 교제하는 이성 문제라던가 각양각색의 문제 들을 문의한다. 그럴 때마다 내 생각을 느낀 대로 답을 말해줄 뿐이었다. 어린 나에게 무슨 인생 경험이 많다고 친구들의 일어나는 일들을 상담해 줄 수 있겠는가. 그저 나는 저절로 알게 되고 보이고 느껴지는 대로 말해줄 뿐이었다. 졸업 때 싸인 지에 글을 적어 준 것을 보면

"석자야 너는 미아리 고개에 가서 돗자리 깔고 앉아 사람들을 점을 쳐주면 돈을 많이 벌겠으니 그길로 가거라!"

하고 농담의 글들을 써주기도 했었다. 어머니의 말씀을 듣고 보니 친할머니 쪽에 영의 흐름이었다는 것을 알게 되었다. 예전과 달리 지금은 진리를 깨달은 하나님의 영이다. 더 넓고 광범히 하게 사람들과 세상이 보였다. 사람들에게는 알아도 말을 해주지는 않는다. 어쩌다 말을 전해 주고 싶은 사람에게는 말을 해주어서

그 말을 듣는 사람은 놀랍게 성공하는 사람을 본다. 반면 말을 순종하지 않는 사람들을 보면 기둥뿌리째 망하는 것을 보게 되며 처참하게 죽는 모습들도 목격한다. 이것을 두 분류를 말하자면 타종교에선 신내림의 신기가 있다고 말하며 기독교에선 성령으로 거듭나서 예언의 은사라고 말한다. 성령과 악령은 똑같이 역사를 한다. 하지만 은사보다는 말씀대로 살아가는 것을 중요시하여 성화를 강조하나 은사는 사용하지를 않았다. 은사는 성화와는 다르다. 변화되는 삶은 오직 성령이 임하여 말씀을 영적으로 깨달아야만 하기 때문이었다. 주님은 은사는 때를 따라 꼭 필요할 때만 사용하게 하시였다.

(신기는 줄기를 타고 대를 이어서 내려온다. 신은 신인데 나와는 적신이었다. 나는 속으로 앞으로 나를 가로막는 적신들과 싸우려면 가는 길이 험하고, 많은 어려움과 고통이 따르겠구나! 라고 마음속으로 생각하며 외로웠다. 오직 나를 도울 자는 하나님뿐이 시었다.)

친할머니는 매일 같이 신당에 제사 지내는 큰언니를 돕느라고 떡시루를 머리에 잔뜩이고 날랐다고 하셨다. 기와집을 짓기 전 초가집에 살았을 때 커다란 집터 구렁이가 처마 끝을 지나 지붕 위로 올라가는 것을 어머니는 보았다고 말씀하셨다. 그렇게 조상귀신들은 집안에 갖가지의 우환과 환경을 통해서 끊임없이 나의 앞길도 가로막고 있었던 것이었다. 믿음의 자손들은 한 발 짝 갈 길은 나는 백발 자국 천 걸음을 뛰어야만 갈 수 있다. 이 저주가 삼 사대째 내려간다는 것이다. 하나님의 저주는 이렇게 무서운 것이었다. 그래서 자녀들 때문에 더욱 함부로 살지를 못하는 것이다. 성령으로 거듭나도 갈 길은 너무도 험악하고 힘이 들었다.

생시와 같은 꿈에 그 새까만 구렁이를 죽이고 나서부터는 기적과 같은 일들이 벌어졌다. 그렇게 찾고 싶었던 학창 시절에 교감 선생님을 32년 만에 만나게 되었다. 교감 선생님은 중학교 교감직을 그만두시고 신학교 교수로 활동하시다가 교회를 개척하여 목회하고 계셨다. 나의 간증을 들은 뒤에 교감 선생님이 나오신 평양에서부터 시작된 역사가 깊은 군소 신학을 추천하여 신학을 들어가게 되었다. 또한 도저히 갚을 수 없는 불가능한 32억 5천만 원 빚을 갚아 압류된 아파트를 해결해 주셨다. 이것은 사람이 할 수 없는 기적이었다.

하나님은 모태 전부터 친정 이씨 집안을 선교사로 나를 파송하셨나 보다. 지독하게 우상숭배 하는 집안에서 목사안수를 받게 하시고 행사 때마다 어머니 살아계실 때까지 어머니 앞에서 가족이 모두 함께 예배드리게 하셨다. 친정에서 하나님을 믿고 찬송가를 부르며 예배를 드린다는 것은 산을 옮기는 기적 같은 일이었다. 어머니는 70세 개종하시고 성경 90 독 가까이 읽으시다가 거듭나셔서

106세에 집에서 평안히 나의 품에 안기며 소천하셨다. 소용돌이와 같은 나의 인생은 모두가 하나님의 계획과 섭리 안에서 살아오게 된 것이다.

모든 것이 주님께 감사하기만 할 뿐이다. 내게 주신 사명 다 끝나면 이생을 마치고 저 천성을 향하여 평강의 나라 아버지 품으로 어서어서 돌아가고 싶다. 나는 이승보다 천국이 너무 좋기 때문이다.

6. 눈보라 속에서 주님의 음성

용서할 수 없는 마음은, 마치 화약을 품고 지옥과 같이 살아가는 것과 같다. 그 속엔 분노와 증오 악독으로 가득히 탑처럼 쌓아 올려져 있기 때문이다. 그러나 용서와 사랑은 거룩한 성에 올라가 그 위에는 평안함이 넘치는 일곱 빛깔 무지개가 찬란하게 비춘다. 그 경지는 평화와 기쁨과 자유였다.

오래전 어느 겨울이었다. 미국에서 함께 K 목사 선교사님과의 사역을 모두 정리하고 목회학까지 공부하려고 한국으로 다시 나왔다. 하지만 목회자가 되기 전에 내가 온전한 영성 깊은 사람이 되어야겠다고 생각했다. 주님께 기도했다. 먼저 하나님과의 초자연 속에서 만났던 첫사랑을 회복시켜달라고 기도했다. 내가 먼저 회복되지 않으면 사역은 할 수 없다. 나 자신이 치유되지를 않으면 어떤 누구도 치유할 수 없으며 참사랑을 가슴으로 전할 수가 없기 때문이다. 기도는 응답 되었다. 미국에서 나오자마자 주님은 영성 훈련과 목회자아카데미 영성 신학을 공부하게 하였다.

3년 영성 훈련을 받으며 '21세기의 영성 목회에 관한 연구' 논문을 써나가면서 어둠의 정체를 알 수 있었다. 내가 무엇이 부족하고 무엇이 잘못되었는지 영적 자기진단을 할 수 있게 되었다. 은사와 말씀이 동행하며 전인격이 성장해야만 했다. 영, 혼, 육, 삼분설을 공부하며 영의 세계를 더욱 깊이 들어갈 수가 있었다. 합동 측에서 목회학 공부를 마치고 영성학을 공부하니 공감대가 이루어져 무엇인가 막힌 것이 뻥 뚫려 속히 후련하였다. 이것은 일반신학 통합이나 합동 측에서는 도저히 배울 수가 없는 학문이었다.

강변을 계속 끼고 팔당을 지나 양수리를 거쳐 양평 강남 금식기도원에 왔다. 강남 금식기도원은 국도로 드라이브 코스가 아름다워 찬양을 크게 틀고 마음껏 방언 기도로 소리 지르며 운전한다. 그러면 마음이 좀 후련해진다. 예배가 끝나고 주차장에 나왔다. 어느 한 남자가 깔끔한 옷차림으로 가까이 와서 인사를 한다.

"목사님이시죠?" 그렇다고 말하였다.

"혹 목사님, 대한 수도원에 가보셨어요?"

처음 보는 그는 나에게 물었다. 한 번도 가본 일이 없었다고 하였다. 영성을 하시는데 어떻게 그곳을 안 가보셨냐고 안내하겠다고 한다. 내 차를 두고 다른 권사님 두 분과 남자 집사님 차를 타고 대한 수도원에 도착했다. 정말 나의 정서에 맞는 수도원이었다. 아래는 한탄강이 흐르고 있었고 산꼭대기에 기도 장소는 마치 신선이 바위에 앉아 기도하는 자리와 같았다. 바위 경관은 너무도 아름답고 조용했다. 모두 무료 숙박 숙식이었다. 헌금은 자율적이었고 예배는 새벽예배와 저녁 예배뿐이었다. 대성전도 좋지만, 바위 동굴에 들어가 주님과 1대 1의 기도를 할 수 있어 더욱 좋았다.

어려운 선교사님이나 개척교회 목사님들이 부담 없이 오시기에 평안한 수도원이었다. 인적 없이 조용히 흐르는 한탄강 물결을 바라보니 지난 힘들었던 일들이 새롭게 기억났다. 갑자기 증오와 분노 억울함과 배신감이 물밀듯 가슴 속으로부터 밀쳐 올라오기 시작했다. 모두 용서하고 정화된 것 같았으나 하나도 용서한 것이 아니었다. 깊은 마음속에 숨겨져 있었던 것이었다. 성전에서 잠시 기도하고 우린 다시 차를 몰고 강남 금식기도원으로 돌아왔다. 밤새 철야 기도를 하고 아침 일찍 나섰다.

구름이 하늘을 덮더니 갑자기 날씨가 어두워지기 시작했다. 눈이 올 것만 같은 회색빛 하늘이었다. 기도원에서 만난 집사님께 아름다운 수도원을 소개해 주어서 고맙다고 작별 인사를 하고 차에 올라탔다. 계곡과 어우러진 긴 강변을 끼고 달리기 시작했다. 눈이 조금씩 날린다. 국도로 팔당을 지나 하남 쪽으로 남한산성을 향하여 달렸다. 하늘을 보니 눈이 곧 쏟아질 것만 같았다. 체인도 없이 큰일이다. 집에 가는 코스가 남한산성을 넘어가야만 한다. 갑자기 눈은 점점 앞이 보이지 않을 정도로 함박눈이 사정없이 쏟아져 내렸다. 눈발을 헤치며 위험한 높은 남한산성 정상에 올라가면서 왠지 갑자기 울컥 눈물이 쏟아져 나왔다. 고독의 몸부림 속에서 배신감과 분노가 용솟음치듯이 올라와 견딜 수가 없었다. 눈보라가 몰아치는 계곡 정상을 오르면서 목청이 터지라고 주님께 소리소리 질렀다.

"주님, 나는 용서할 수 없어요. 도저히 용서할 수가 없다고요. 나는 신이 아녜요, 나는 사람이라고요!"

눈이 소복이 쌓인 벼랑 끝을 체인도 없이 위험한 운전하면서 그동안 참았던 울음을 터트리며 대성통곡하며 울어댔다. 함박눈이 펑펑 쏟아지는 높은 계곡을 누군가 차를 가지고 올라올 사람은 한 사람도 없었다. 아무도 없는 정상을 혼자 달리며 소리소리 지른다 해도 누가 들을 인간이 없으므로 참았던 감정이 복받쳐 울음이 터진 것이다. 그때다! 갑자기 어디선가 몸 밖에서 급한 목소리가 들려왔다.

“사랑하는 딸아, 사랑하는 딸아! 사랑하는 딸아!”

엄청난 산울림의 큰소리로 세 번을 반복하며 주님이 급히 부르시는 음성이었다.

“네가 나만큼이나 수치와 억울함을 당하여 보았느냐? 나는 너를 위하여 침 뱉음과 갈고리 채찍으로 온몸을 찢겨 맞으며 십자가를 지고 골고다 언덕까지 올라갔느니라. 사랑하는 딸아! 네가 십자가에 못 박혔던 나의 아픔만 하겠느냐? 나는 너를 살리기 위해서 물과 피 한 방울도 남김없이 십자가에 매달려 다 쏟았느니라!”

형체는 보이지 않고 하늘에서부터 울려 나오는 커다란 주님의 음성이었다. 너무 놀라서 눈이 쌓인 왼쪽 벼랑 끝에서 핸들을 꺾어 오른편 바위벽 쪽으로 바짝 부쳐 안전하게 주차하고 멈추었다. 뇌성 같은 주님의 음성을 듣고 주님께 잘못했다고 펑펑 울면서 회개하였다.

“주님 잘못했습니다. 제가 잘못했습니다. 나는 나의 죄로 인하여 고통받는 것이지만 주님은 점도 흠도 없으신 하나님의 아들이십니다. 주님은 우주의 만왕의 왕이십니다. 죄인 중에서 죄인 나를 구원하시려고 골고다 언덕 위에서 십자가에 못박이시고 물과 피를 다 쏟으셨습니다."

모든 산과 나무가 새하얗게 눈으로 덮인 정상 계곡에서 주님께 통회 자복하였다. 콧물 눈물이 얼굴에 범벅이 되도록 회개하며 큰 소리로 울고 또 울었다.

"사랑하는 딸아, 위험하다. 눈물을 멈추고 조심히 운전하도록 하거라!"

그 계곡은 죽음의 계곡이었다. 운전 연수하다가 여러 사람이 벼랑으로 떨어져 사고가 자주 나는 아주 경사가 심하고 좁고 위험한 S 코스였다. 초보자 연수를 금하게 된 장소였다.

"예, 주님!" 하고 나는 대답을 하였다.

몸이 갑자기 뜨겁고 더워졌다. 창문을 활짝 열었다. 눈보라가 차 안으로 몰아쳐 들어왔다. 엄동설한 찬바람이 가을바람처럼 시원하게 창문으로 밀치고 들어왔다. 오색 물감을 들인 새들은 짹짹거리며 승용차 지붕 위로 날아다닌다.

“친구야 울지 마, 우리가 있잖니?” 새들도 찬양을 부르며 위로해 주었다. 눈보라도 가을바람처럼 시원하게 차 안으로 들어와 양 볼을 만지며

“괜찮아! 친구야, 용서하면 평안해져!” 바람도 속삭이며 위로해 주었다.

하얗게 눈 덮인 산 위에 앙상한 나뭇가지들도 모두가 춤을 추며 나를 위로해 주었다. 하늘에서 함박눈이 펄펄 날리는 흰 눈은 축제의 하얀 꽃가루를 나에게 뿌려주었다. 갑자기 깊은 영혼 속에서 기쁨이 샘솟듯 넘쳐 흘러나왔다. 천지가 모두 다 새하얗게 축제로 덥혔다.

“참 아름다워라. 주님의 세계는”

478장 찬송가를 부르면서 눈물을 닦고 다시 운전을 조심스럽게 S 코스 죽음의 계곡, 경사진 정상에서 안전하게 산 밑에까지 주님 말씀대로 조심히 내려왔다. 눈보라 속에서 증오와 분노에 가득 차서 높은 비탈길을 달리는 나의 모습을 보시었다. 주님은 너무 위급하여 벼랑 끝으로 나를 몰고 가는 어둠의 악한 영들을 쫓아내고 나에게 운전을 멈추게 하신 것이었다. 주님은 언제나 벼랑 끝에서도

붙잡으시며, 깊은 아골 골짜기에서도 꺼내시며, 바다. 깊은 곳이라 할지라도 악한 마귀들의 죽음과 사망의 권세에서 언제나 나를 구원하시었다. 한없는 사랑과 끝없는 주님의 사랑을 어찌 다 말로 형용할 수 있을까!

감사와 기쁨의 눈물이 한량없이 흐르고 또 흐르기만 했다. 이런 주님을 어찌 내가 잠시도 떠나 살 수 있을까, 호흡하는 것조차 주님 안에서 살아간다. 도저히 용서할 수 없는 사람을 용서하면서 오늘도 나의 십자가를 지고 주님과 동행하는 삶을 살아가고 있다. 용서와 사랑, 저 하늘 높이 구름 속을 헤치고 들어가면 무지개 꽃이 활짝 피어 평화의 찬양을 부르며 오늘도 천사들은 나를 손짓하며 기다리고 있다.

제3부

미국 서부 지역 찬양 선교여행

1. 콜로라도 루마니아 교회

하나님은 마음 중심에 따라 기적을 이루어나가시는 하나님이셨다.

오래전 전도사 시절에 찬양 사역을 통하여 미국 서부 전 지역을 24일간 순회공연 할 때였다. 모든 교회 중에서 루마니아 교회는 특별히 규율이 엄격했다. 단장 K 목사님은 여러 가지 주의 사항을 주셨다. 50명 단원은 모두 바짝 긴장하였었다.

오늘은 왠지 지난 그날들이 새롭게 떠올라 글로 적어본다.

달리는 차 창밖에 콜로라도의 계곡은 참으로 장관이었다. 하늘을 치솟은 빽빽한 나무들은 백 년 대기로 심은 나무들이라 몸통이 모두 굵었다. 우리 한국같이 잔 나무가 별로 없었다. "참으로 대국은 대국이로구나!" 절로 감탄사가 나왔다. 버스로 장시간 푸른 초원을 달려서 콜로라도에 도착하였다. 교회로 들어서면서 또다시 단장님의 강

훈련이다. 탈의실에서 옷을 갈아입고 찬양단원들이 화장실 가기에 바빴다. 모두 긴장해 설사들을 하며 배가 아프다고 야단법석들이다. 나는 한 사람 한 사람 배를 쓸어주면서 간절한 마음으로 안수기도를 해주었다. 기도를 받고 조금은 모두 가라앉았다고 하여 휴! 한숨을 돌렸다. 단장 목사님은 마치 서커스 단장과 같았다. 손에 채찍만 없었지, 마음에 안 들면 마구 욕설도 한다. 그때마다 뒤에서 목사님께 손짓하며 인상을 썼다. 그러면 단장 목사님은

"저- 뒤에서 천사 전도사님이 또 얼굴을 찡그리시네요." 웃으면서 화를 멈추신다.

어둠이 사라지고 은혜의 앙코르 박수 소리

루마니아 교회는 엄격하였다. 남자와 여자 혼성 찬양도 못 하고 남녀 함께 율동도 못 한다. 남자들은 남자들끼리 여자는 여자들끼

리 줄을 서야 한다. 우리는 모두 줄지어서 교회 강대상을 향하여 성가대 자리로 올라가서 앉았다. 나는 줄 곳 기도만 했다. 높은 성가대 자리 위에 앉으니 성도들 좌석이 한눈에 내려다보였다. 조금씩 사람들이 모여들기 시작했다. 마치 먹구름이 쏴-악! 몰려들어 오는 음산한 분위기의 느낌이었다. 얼굴 인상들이 너무 어둡고 침울했다. 딱딱하고 굳은 표정들이 더욱 마음을 불안하게 하였다. 두 손을 꼭지고 주님께 간절히 기도했다.

"주여, 저 성도들의 어두운 표정이 우리의 찬양을 통하여 웃음꽃이 활짝 피어나 성전에 기쁨과 은혜의 강이 넘쳐나게 하소서"

눈을 떠보니 생각보다 그 많은 좌석이 벌써 꽉 차 있었다. 찬양은 순서대로 시작이 되었다. 국악과 바이올린, 성악과 합창이 성대하게 펼쳐져 나갔다. 너무들 긴장하여 박자도 틀리고 실수 들을 많이 하였다. 또 주님께 기도를 올려드렸다.

"주여 틀린 음정들은 다 은혜로 가려주시고 하늘에서 울려 퍼지는 천상의 음악 소리로 들리게 하소서"

기도는 응답 되었다. 그 어둡던 얼굴들이 해 맑은 웃음꽃이 피어서 마지막에는 기립박수에 소리를 지르며

"앙코르! 앙코르! 앙코르!"

우레 같은 박수 소리로 환성들을 높였다. 순간 눈물이 왈칵 쏟아졌다.

"주님 너무 감사합니다. 우리들의 찬양이 저들에게 상처받고 소외당한 영혼들이 치유되게 하여 주심은 감사드립니다."

우리는 함께 마지막 찬양을 부르며 무대에서 내려와 루마니아 성도들과 한 사람 한 사람 서로 끌어안고 기뻐하며 눈물을 흘렸다. 인종도 다르고 언어가 틀려도 예수님의 뜨거운 사랑 안에서 하나가 되었다. 주님은 우리에 부르짖음의 통성기도를 통해서 많은 실수를 해도 모두 감추게 하시고 불꽃 같은 성령으로 성도들과 함께 은혜의 강이 루마니아 교회 위에 넘쳐흘렀다.

성도 집으로 숙소 초대

50명의 단원은 모두 각자 팀을 짰다. 나는 딸과 둘이 함께하기로 했다.

루마니아 성도들은 손가락으로 둘, 셋, 넷, 다섯, 일곱까지 서로 자기 집으로 초대하느라 좌석에서 일어나 손을 높이 들고 표시했다. 멀리서 둘, 손가락을 핀 성도한테 딸과 함께 다가갔다. 초대받은 차를 타고 성도의 집에 도착했다. 예쁘게 가꾸어놓은 정원 뜰을 밟고 현관문을 들어서니 굉장히 화려하고 부유한 집이었다. 모든 방을 소개하고 가족들을 소개해 주었다. 경대 위에는 어디를 가나 가족사진들이 화려하고 넓이 하게 정돈돼 있었다. 루마니아 성도는 친절하게 사진 속에 있는 사람들을 손가락으로 가리켜가며 친절하게 설명해 주었다. 대가족이 함께 다복하게 살아가는 가정이었다.

루마니아 성도의 집

성도의 할아버지와 남편이 얼마나 인상이 좋고 친절한지 마음이 편안했다. 여자 성도는 짧은 단발머리에 조금은 인상이 도도하고 까칠한 편이었다. 하지만 식사를 진수성찬에 정성껏 대접을 받았다. 찬양에 너무 은혜를 받았다고들 한다. 찬양이 아름다워 좋았다고 하니 기분이 참 좋았다. 언어가 통하지 않는데도 주님 안에서 서로 풍성한 사랑을 나눌 수 있었다. 침실도 깔끔하고 좋아서 편히 잠들었다. 아침 식사도 진수성찬에 정성껏 차려주어 가족들과 함께 이야기를 나누며 맛있게 먹었다. 너무나 친절하여 고마웠다. 식사가 끝나고 서로 아쉬움을 남긴 체 또다시 다음 코스를 준비하느라 루마니아 교회로 단원들은 모두 집합하였다.

믿음과 간절한 기도는 기적의 초자연적 역사가 언제나 나타난다. 그렇게 어둡던 루마니아 교인들이 찬양을 듣기 시작하면서 표정들이 밝아지며 모두 성령으로 충만하여 사랑과 기쁨이 넘쳐났다. 너무 긴장하여 음정이 틀리고 박자가 틀려도 주님의 은혜로 모두 가려주셨다. 하나님은 우리 마음의 중심에 따라 할 수 없는 일들을 이루어 가셨다. 하나님은 살아서 역사하셨다. 우리가 어렵고 힘들 때마다 도우시는 자상하시고 사랑이 풍성하신 하나님이셨다. 어떠한 상황에도 낙심하거나 실망해서는 안 된다. 부정적인 생각을 버리고 긍정적인 생각을 가질 때 하나님은 기적을 이루신다.

2. 유타주의 어느 가난한 목사

미국 서부 모든 지역의 아름다운 대자연을 만끽하며 순회공연 중에 가장 가난한 유타주 교회 목사님이 기억에 남았다. 하지만 목사님과 사모님의 표정은 너무도 평화롭고 천사와 같은 모습이었다.

유타주를 향하여

오늘의 목적지는 유타주다. 끝없이 달리는 아름다운 초원. 때론 텍사스를 지나갈 때면 길고도 긴 황량한 벌판에 가시 돋은 선인장만 가득히 보일 뿐이었다. 키가 작은 빽빽한 선인장 속에서는 마치 도마뱀이라도 툭 뛰쳐나올 것 같은 기분이다. 그곳을 지나고 나니 아주 멀리서 바라다보이는 높은 산맥과 산봉우리 들은 아직도 녹지 않는 눈이 하얗게 덮여 있었다. 미국의 대자연은 웅장하고 아름다운 경치가 장관이다. 하나님의 창조하심이 숙연해지며 경이롭기만 할 뿐이었다. 그러나 우리나라도 삼면이 바다라 외국 못지않게 아름다운 나라다. 도시만 벗어나면 강과 산을 가까이 옆에 끼고 달린다.

관광지 곳곳마다 먹거리 쉼터와 호텔과 저렴한 펜션들이 편리하게 설치되어 있다. 미국에 비하면 우리나라의 아름다움은 예쁘게 가꾸어놓은 작은 정원이라고나 할까. 미국은 땅덩어리가 워낙 넓어 바다를 보려면 내륙지방에서는 비행기를 타고 가야 강과 바다를 볼 수 있다. 여행을 가려면 텐트와 먹을 것을 모두 바리바리 싸서 가야만 한다. 그런 것 보면 우리나라는 참으로 아름답고 살기 좋은 편리한 나라이다.

고국의 고추장과 김치 생각

끝없는 초원을 온종일 달려 어느덧 목적지 유타주에 도착하였다. 멀리서 보이는 돌산이 모두 까만색으로 보여 내리자마자 좀 음산하고 어둡게 느껴졌다. 유타주는 모르몬교 본부이다. '그래서인가?' 우리는 버스에서 각자 짐을 내려 앞에 십자가가 보이는 아담하고 작은 교회를 향해서 모두 걸어갔다. 성도들과 목사님이 성전 밖으로 나오셔서 반갑게 맞아주셨다. 우리는 단장 목사님의 주의 사항을 통해 또 초긴장 속에서 옷을 갈아입고 강대상 무대에 줄을 서서 올라갔다. 유타주의 성도들은 성전을 가득히 자리를 채웠다. 마음을 조아리며 순서는 하나둘씩 진행이 되었다. 우리들의 순서가 다 끝나고 마지막으로 단장 목사님은 단상에 올라오셔서 유창하게 영어로 말씀을 전하신다.

공연이 끝나자마자 우레 같은 박수 소리에 그때 서야 우리는 모두 긴장과 피로가 풀린다. 다음은 성도들의 초대에 따라 단원들은 짜인 팀대로 숙소가 정해진다. 교회에서 김치 없는 육식으로만 진수성찬에 식사가 시작되었다. 알아듣지도 못하는 영어로 계속 말을 걸어오면 도망가지도 못하고 손짓, 발짓하려니 답답해 죽을 것만 같았다. 일주일이 넘도록 김치를 먹지를 못하니 고국의 음식이 간절해진다. 한국에서 떠나기 전 단장 목사님은 가족사진과 고추장과 멸치를 꼭 싸서 가지고 가라는 것이 실감이 났다. 사진은 숙소를 정할 때 원주민 가족들에게 보여주기 위함이었고 고추장과 멸치는 외국 식성에 맞지 않아 가져가라는 것이었다.

몇 시간을 달리는 버스 안에서 어느 누가 멸치와 고추장만 보이면 벌 때 같이 몰려들어 조금만 달라고 아우성친다. 고기만 먹으니, 속이 느글거려 고추장에 고추를 콱 찍어 먹고 싶고, 시뻘건 김치도 손가락으로 집어서 너무 먹고 싶었다. 그들과 한국의 차이점이라면 표정이 밝고 친절하다는 것이다. 마음이 여유롭고 봉사 정신이 바탕에 기본으로 깔려 있었다. 첫째는 복지가 잘되어 있고 청교도 기독교 국가라 그런지 역시 다른 것을 느꼈다. 우리나라도 복지가 이제 잘되어가고 있고 거리와 화장실 깨끗한 환경은 세계에서 1위이다. 선교도 세계에서 미국 다음 우리나라가 1위이다. 도움을 받던 나라가 이제는 우리도 남의 나라를 돕는 나라가 되었다. 그래도 나는 우리나라가 자랑스럽다.

천사와 같은 사모님과 목사님

딸과 함께 숙소가 정해졌다. 또 목사님 댁이었다. 주님은 이상하게도 나에게는 그 교회 단임 목사님 댁에 숙박하게 하셨다. 목사님과 사모님은 우리를 친절하게 안내해 주었다. 그런데 너무나 이상했다. 주택이 아니었다. 컨테이너 같기도 했는데 물어보니 이동 찻집이란다. 차에 들어가 보니 약 7~8평짜리 집이었다. 모든 산림과 화장실도 되어있었다. 딸과 긴 소파에 앉았다. 사모님은 우리를 자리에서 잠깐 일어나라고 하셨다. 우린 함께 소파에서 일어났다. 사모님은 소파 등받이를 무겁게 들어 펼치니 갑자기 침대가 되었다. 공간이 좁으니 소파 겸 이중으로 사용하는 침대였다.

사모님은 친절하게 여기서 편히 쉬라고 하셨다. 이곳은 물이 귀해 소변을 눌 때는 물을 내리지 말고 대변 눌 때만 물을 내리라고

유타주 딸과 함께

하셨다. 휴지도 두 번만 접어 아껴 쓰라고 목사님이 교회에서부터 주의를 시키셨다. 우린 최대한 물과 휴지를 절약했다. 사모님과 우리는 손짓, 발짓해 가며 대화했는데도 서로 마음의 소통이 잘 되었다. 일찍 수면하지 않으면 내일 피곤하니 빨리 쉬라고 목사님과 사모님은 뒤돌아 미소를 지으시며 방으로 들어가셨다. 목이 말라 물을 먹고 싶어 냉장고를 열어보았다. 냉장고에는 텅 비어 아무것도 없고 물병 두 병만 덩그러니 있었다. 딸과 나는 깜짝 놀랐다.

어떻게 이렇게 차이가 날까, 어느 목사님 댁에는 호화판 주택에, 2층에는 장미 꽃잎이 뿌려진 아주 커다란 실내 사우나 욕실도 있었다. 먹을 것은 냉장고 문을 열면 뛰쳐나올 정도로 음식이 가득했다. 너무나 차이가 나서 마음이 아팠다. 돈이라도 있으면 다 털어 목사님께 모두 드리고 오고 싶었다. 그러나 목사님 부부는 불편함이 전혀 없으셨다. 얼굴에 미소는 아주 평화로운 천사와 같은 모습이었다. 아니 그보다 누구에게도 볼 수 없는 목사님과 사모님의 얼굴에는 무엇인가 빛이 나고 있었다.

천사와 같은 목사님

합창 단원들은 다음 코스를 위해 분주하게 교회로 또다시 모였다. 다음날 교회를 떠나면서 눈망울이 초롱초롱한 어린이들에게 루마니아 성도에게서 선물 받은 인형들을 딸과 함께 모두 나누어 주었다. 목사님께는 신학교 때 쓴 졸업논문을 선물로 드렸더니 너무도 좋아하셨다. 이름도 성도 모르고 언어도 통하지 않지만 헤어질 때는 언제나 섭섭해서 서로 끌어안고 눈물을 글썽거리며 손수건을 적시었다. 참으로 그리스도의 사랑은 국경이 없다는 것을 다시 한번 체험해 본다. 참 진리 안에서의 자유, 평화와 사랑, 이보다 인생에 있어서 더욱 값진 것은 없다. 유타주의 교회 단임 목사님과 사모님의 천사와 같은 모습은 가슴속에 오래도록 남을 것 같다.

3. 그랜드 케냐에서

콜로라도의 계곡 강줄기를 지나 그랜드 케냐에 도착하였다. 하나님의 창조하심의 신비로움과 아름다움이 절로 감탄사가 나왔다. 시로 적어본다.

아 – 그랜드 케냐!

저 장엄함과 신비로움
우주를 창조하시고
역사해 가시는 하나님

당신은 거룩하시며
모든 것들에서 뛰어나며

구름 위에 가장 높은
산성이 시나이다.

어떤 것 비교할 수 없는
정오의 빛보다
더 밝은 빛이 시나이다.

바람 소리, 새소리
파도 소리,
천둥번개 소리까지도

장엄한 우주 자연의
오케스트라

당신의 사랑스러운
음성으로 들려옵니다.

당신은 어찌 그리도
아름다운지요.

당신의 그 거룩함과
아름다움의 신비는
찬란한 보랏빛
베일과 같습니다.

태양이 타오르는 사랑
신의 그리움과
연민 속 살아가는 마음
받아주소서!

세상일 다 끝나
당신께 돌아가는 날!
그날은 가장 기쁘고
행복한 날 될 것입니다.

주님 감사합니다
죄 된 세상 단절하고
온전히 주님께
돌아오게 하심을 …….

자연은 평화 사랑
아름다운 그 자체
광명한 천국
그곳에 당신이 계십니다.

먼 훗날 그곳 당신과 함께
영원히 영원히 머물 것입니다.

딸과 함께 그랜드 캐니언

제4부

추억

1. 철없던 낭만의 소녀 시절

이 글은 소녀 시절의 여행 중, 호남선 완행열차 속에서 낙서를 정리한 시였다. 그러던 내가 목사가 되고 은퇴 후 70대에 시인이 될 줄은 꿈에도 몰랐다.

밤하늘에 반짝이는
수많은 별을 보면
나도 별이 되고 싶소.

파란 하늘 위에
뭉게구름을 보면
마음껏 떠다니는
구름이 되고 싶소.

바람이 갈대밭을
흔들고 가면
나도 자유로운
바람이 되고 싶소.

해 질 녘 산등선 위
황혼을 보면
보랏빛 베일에 감춰진
노을이 되고 싶소,

수평선 위 붉게 떠오르는
태양을 보면 찬란한
희망 주는 태양이 되고 싶소!

오래전 꿈 많던 소녀 시절의 옛이야기다

크리스마스 캐 롤 송이 명동 거리마다 울려 퍼지는 어느 해 겨울이었다. 언제나 음악과 시와 철학을 즐겨하던 어린 시절이다. 다방에 들어가면 구석빼기 코너 쪽에 틀어박혀 앉아 커피 한 잔을 시킨다. 속상한 일이 있을 때면 하이볼 한 잔을 시켜놓고 수첩에 글을 쓰며 온종일 음악을 듣던 시절이었다. 그러면 내 앞에 빈자리에는 남학생들 여러 명의 프러포즈로 스쳐 지나간다. 그중에 한 남학생이었다. 그는 서울대학교 4학년 졸업반이었다. 키도 헌칠하고 체격도 좋고 인상도 좋았다. 하지만 철학과 시와 낭만이란 어느 구석도 찾아볼 수가 없었다. 마치 향기 없는 꽃과 같아 오직 출세 명예 공부에만 치우치는 인상이었다. 두뇌가 좋아서 어떠한 이야기를 해도 답답하지는 않아 편했다.

만나면 너무 재미가 없어 눈이 쌓여 꽁꽁 얼어붙은 길을 걸어갈 때면 내가 먼저 손을 잡고 어릿광대처럼 미끄럼질 칠하며 끌고 간다. 그러면 그는 웃으며 내 손에 딸려서 뛰어온다. 장남에다 아버지는 안 계셨다. 거기서부터 마음에 안 들었다. 나도 아버지가 없는데 시아버지 사랑이라도 받고 싶었기 때문이었다. 천진난만한 내 모습이 사랑스럽고 귀여웠던 것 같았다. 지금 지난날을 생각해보면 난 참 어리석은 바보였다. 그런 것은 내가 만들어가고 채워

가면 되는데 말이다. 구름에 둥실둥실 떠다니며 백마 탄 왕자만 나타나기를 바랬으니 에 – 휴! 그렇게 난 철부지 소녀였다.

따르릉 전화가 왔다. "옥경아, 한번 보자 좀 나와라." 재미없는 서울대생이었다. "왜 한 번만 봐요? 두 번은 안보고?" "알았다고 빨리 나와 만나자!" 연세대학교 앞에 아트다방 저녁 6시에 약속을 했다. 나는 부지런히 얼굴에 간단히 화장을 찍어 바르고 옷을 갈아입고 나갈 준비를 했다. 엄마는

"아니 저년은 한나절까지 자빠져 있다가 꼭 해가 저물면 나가냐?"호통이셨다. 어린 조카 보는 일하는 꼬맹이가 한마디 한다.

"할머니! 언니는 밤에만 나가는 도깨비라 그래요." 나는 꼬맹이 머리통을 한데 쥐박고 집을 나섰다.

"어이구, 이 재미없는 사람하고 무슨 이야기를 하누" 답답하기만 했다. 신촌역을 지나 연세대학 쪽으로 걸어갔다. 다방에 도착하자 문을 열고 들어갔다. 젊음의 꿈과 낭만이 넘치는 청춘들이 꽉 차 있었다. 멀리서 누군가 손을 흔들었다. 예감에 재미없는 그 학생이었다. 가까이 다가가 털썩 소파에 주저앉았다. 내 앉는 꼴을 보면서

“옥경이는 언제 철나? 맨날 낙서나 긁적거리고” 그는 웃으며 말했다.

나는 퉁명스럽게 “K 씨는 내가 80이 되어서 시를 쓴다면 그때도 나를 보고 언제 철나냐고 물을 건가요?” 하고 되받아쳤다.

웃으며 아무 말이 없었다. 오늘따라 그의 얼굴빛에는 무엇인가 걱정거리가 가득 차 있는 듯하였다. 무슨 일이 있었느냐고 그에게 물었다. 오늘은 나한테 상담 좀 하려고 한다고 하였다. 상담 소리의 말에 입을 있는 대로 크게 벌려 배꼽을 쥐고 다방이 떠나가라고 웃었다. 아니 철딱서니 없는 꼬맹이 소녀한테 무슨 상담할 게 있느냐고 했다. 좀 표정이 심각해 보였다. 호들갑 떨다가 나는 정숙하게 또 물었다. 그의 고민은 졸업하고 대학원을 진학하느냐 아니면 취직하느냐 하는 기로에 섰다. 대형 회사 네 곳을 시험을 쳤는데 모두 합격했다는 것이었다. 월급도 스스로 정하라고 했단다. 그는 사람들이 직장이 없는 것이 아니라 실력이 없는 것이라고 말했다. 그래서 나에게 묻는 것이었다.

“아니 철없는 낭만파 소녀라면서 그런 중요한 장래의 일을 왜 어린 나에게 물어요?”라고 말했다.

"음, 옥경이가 똑똑해 보여서"라고 웃으며 나의 눈을 바라보면서 말하였다. 정말 많이 고민한 것 같아 진심으로 진지하게 말해주었다. 취직은 어느 때고 할 수 있지만, 공부라는 것은 시기와 때가 있으니, 대학원을 마치고 취업하는 게 좋겠다고 말해주었다. 그동안 갈등이 심했던지 "역시 옥경이는 똑똑해, 그래 맞아!" 하면서 표정과 마음이 한결 편해진 것 같았다.

그때 내 나이는 20살이었고 그는 서울대학교 졸업반이었다. 긍정적으로 말을 들어주어서 고마웠다. 그는 나에게 말을 툭 던졌다. 남자들이 여자한테 찻값을 내게 한다든가 여자에게 돈을 쓰게 하는 남자는 절대로 만나지 말라고 했다. 그런 무능한 남자는 평생 고생을 시킨다는 것이다. 마음 없이 행동한 것을 눈치챈 것 같았다. 지금도 눈앞에 선하다. 인상에 남아 그 이름도 잊어버리지 않는다. 그에게 편지를 구름 위에 띄워본다.

"K 씨, 이제 당신도 머리가 희어져 80이 되었겠네요. 당신이 말한 철없는 소녀가 목사가 되었고 이제는 은퇴하고 정말 시인이 되었답니다. 올해는 수필 작가도 되었지요. 하지만 당신 말대로 아직도 나는 철없는 소녀랍니다. 부디 어느 곳에 계시든지 건강하고 행복하세요!."

수필은 거짓 없이 꾸며대지 않고 지난 과거의 시절들과 일들을 그대로 써 내려가니 내면에 숨겨져 있던 마음의 상처도 치료된다. 참 수필을 잘 배운 것 같다. 교수님이 희망을 주지 않았다면 힘들어 포기했을지도 모른다. 또한 회원 중에 든든한 목사님이 버팀목이 되어 주셔서 힘이 되었다. 75 살해에 드디어 철없던 소녀가 3년 공부 끝에 수필도 등단하게 되었다. 힘들고 어려운 환경 속에서도 꿈을 잃지 않는 늙은 소녀다. 저물어가는 황혼 길목에서도 끝없는 도전의 삶 글 속에서 주님과 동행하며 행복한 인생을 마무리 지어 간다.

2. 삶과 죽음

인간은 죽음을 앞에 두고 모두가 꿈을 가지고 목적을 위해 최선을 다해 살아간다. 그 찬란한 꿈을 실현하기 위하여 삶의 무거운 짐을 배에 한 아 가득 신고 각자 생의 보물섬을 찾아 끝도 없는 인생의 바다를 항해한다.

지금으로부터 60년 전에 일이었다. 우리 집 주변에는 대학교들이 많아 하숙을 쳤다. 그러나 어느 날 갑자기 농민들이 신촌역에 내려 농사를 지은 것을 팔러 오기 시작했다. 시장 물결이 우리 집 앞까지 닥치게 되어 시끄러워 하숙을 걷어치우고 방들을 상가로 만들게 되었다.

아버지는 육이오 사변 때 일찍 돌아가시고 그 충격으로 다음으로 할머니는 아들 따라 돌아가셨다. 할아버지는 초가집을 헐어 부수고 개와 집으로 방을 여러 개를 만들어 편리하고 좋은 집을 지으셨다. 농사지을 땅은 많아도 아버지가 돌아가시니 할아버지 혼자서 농사를 지을 수가 없으셨다. 8남매를 혼자서 어머니께서 키우고 살아가시려면 생활할 수 있게 하려고 방을 여러 개를 지으신 것 같았다. 그렇게 집을 잘 지어 놓으시고 할아버지도 그만 할머니 곁으로 돌아가셨다. 할아버지는 앞으로 닥쳐올 일 들을 미리 아시고 모든 일을 정리하고 긴 여행을 떠나신 것 같다. 그렇게 아버지, 할머니, 할아버지 세 분은 어린 8남매 자식들과 어머니 홀로 남겨두고 인생이 잠시 쉬었다 가는 삶의 텐트를 거두시고 돌아오지 않는 멀고 먼 세상으로 모두 떠나셨다.

엄동설한이 지나고 대지 위에 푸른 싹이 돋는 어느 이른 봄날이었다.

까만 교복 위에 하얀 칼라가 구겨져 대청마루에서 다리미질하고 있었다. 갑자기 대문 밖에 사람들이 아우성치며 시끄러웠다. 교복을 옷걸이에 걸어 장롱에 넣고 밖으로 뛰쳐나와 보았다. 심술궂게 생긴 뚱뚱한 아주머니와 거칠게 생긴 아주 키 큰 아저씨가 소리소리 지르면서 싸움하고 있었다. 서로 자리다툼을 하는 것 같았다. 나중엔 더욱 심하게 치고받으며 싸우는 것이었다. 시장 사람들이 몰려와 서로 뜯어말렸다. 대문에 기대어 다투는 그들을 물끄러미 바라보았다. 아귀다툼하는 뚱보 아줌마와 키다리 아저씨를 향해 깊은 생각에 빠져들었다.

"저 사람들은 왜 싸우지? 살려고 싸우는 것인가? 죽으려고 싸우는 것인가? 인생들은 언젠간 죽는다. 우리가 살아가는 한 걸음 두 걸음은 죽음을 향하여 살아가고 있다. 그렇다면 이 짧은 생애를 저렇게 다투며 살아가야 할 것이 무엇인가? 저들은 살기 위한 싸움이나, 결국은 죽음을 위해 달려가는 싸움이다."라고 생각했다.

인간의 삶은 하루하루 죽음을 향해 살아가고 있다. 하지만 사람들은 죽음이란 없는 것처럼 천년만년 살 줄 알고 모두가 그렇게 살아간다. 저 다툼은 분명 살기 위한 다툼이다. 하지만 우린 언젠간 죽는다. 그렇다면 그 짧은 생애 다가오는 죽음을 위해 우린 오늘 어떻게 무엇을 준비하며 살아가야 할 것인가? 레프 니콜라 예비치 톨스토이 백작은 이렇게 말했다.

"이 세상에 죽음만큼 확실한 것은 없다. 그런데 사람들은 겨우살이는 준비하면서 죽음은 준비하지 않는다."

물끄러미 싸움 말리는 것을 보다가 복잡한 시장 속에 많은 사람을 헤치고 나왔다. 신촌역 옆 굴다리를 지나 연세대학교 뒷산을 넘어 산책하며 노천극장 운동장 앞까지 왔다. 유난히 푸르고 맑은 하늘 위에 하얀 뭉게구름들이 갖가지의 모양으로 몽실몽실 꽃을 피운다. 너무도 아름답다. 세상 사람들도 저 떠다니는 구름처럼, 날아다니는 새처럼 평화롭게 살아가면 얼마나 좋을까! 왜, 현실은 그렇게 살 수가 없는 것일까? 마음이 슬퍼지며 외롭고 쓸쓸해졌다. 텅 빈 운동장은 어느새 중천에 떴던 해는 저물어 멀리 바라다보이는 산등선 위에 걸쳐 황혼이 붉게 타오른다. 여러 가지 색깔로 물들여져 가는 저녁노을은 언제나 내 마음을 황홀하게 하고 가슴을 뭉클하게 한다.

"앞으로 나는 얼마나 살까? 그러면 사는 동안 어떠한 삶을 살며 마지막 찬란한 황혼 길에 그 많은 퍼즐을 어떻게 맞춰 나갈 것인가? 적어도 나의 주어진 삶에 최선을 다하며 후회 없는 인생을 아름답게 살아가리라!"

삶과 죽음에 대해 생각했던 나이는 17살 때였다. 수많은 강물이 흘러 바다로 들어가기 직전 마지막 생의 길목에 서 있는 지금. 70이 넘은 나이에도 정신의 세계는 그때와 별로 다를 바 없는 것 같다. 다만 다르다면 지난날의 무겁고 투박한 사기그릇에 가득 담은 삶이었다면, 그 그릇은 깨트려 모두 쏟아 버리고, 이제는 크리스털

빛나는 빈 그릇에 맑은 영혼을, 천국을 향하여 차곡차곡 담아 간다고나 할까? 그렇게 나는 다음 세상을 위하여 열심히 준비하며 살아가고 있다. 소녀 시절 그때는 내가 누구이며 내가 어디서 와서 어디로 가는지를 깨닫지 못하여 목적지가 뚜렷하지 못했다. 하지만 지금은 목적지가 뚜렷하다. 내가 앞으로 가는 사후세계는 아름답고 찬란하며 자유와 기쁨이 넘치는 세상으로 간다. 그곳은 내가 왔던 곳, 아버지의 품 천국으로 돌아가는 것이다.

3. 학창 시절의 왕따 이야기

참으로 까마득한 옛이야기다. 추억을 더듬어 60년 전을 회상하며 글을 써 내려가려니 가슴이 먹먹해진다. 어느 사이 이렇게 많은 세월이 흘러갔단 말인가! 초등학교를 졸업하자마자 큰 언니를 따라 호남지방으로 내려가서 잠시 생활하던 짧은 3개월의 잊을 수 없는 학창 시절이었다.

큰언니는 형부 사업관계로 낯선 지방을 처음으로 호남선 열차를 타고 언니를 따라 함께 조치원에 내려가게 되었다. 초등학교를 졸업하고 이미 벌써 중학교 입학원서를 내고 합격하여 다음 달 새 학기에 등교해야만 했다.

(훗날 어머니께 물었다. 왜? 언니에게 나를 보냈냐고. 언니가 학교를 보내준다니 어머니는 학교가 너무 멀어 버스를 타고 다니는 것이 키도 작고 어려서 힘들까 봐 보냈다고 말씀하셨다).

언니는 객지가 처음이고 어린아이를 데리고 혼자서 생활하기가 힘드니까 나를 살살 달래서 학교를 보내준다며 데려갔다. 그러나 학교는 고사하고 어린 조카를 나에게 맡기고 공장에 나가 언니는 형부 사입에 경리사무 일을 돌보느라 오전에 나가 저녁 늦게서야 매일 집으로 돌아왔다. 일 년쯤 사업이 자리가 잡히자 그제야 언니가 다니는 교회 단임 목사님이 운영하시는 기독교 학교를 보냈다. 바로 집 앞에 조치원여중이 있는데도 불구하고 십 리 길이나 걸어 다녀야 하는 먼 거리에 남녀 고등 공민 중학교를 보냈다.

어려서부터 높고 낮은 극과 극의 인생 막이 큰언니를 통해서 펼쳐지기 시작했다. 처음으로 교복을 입고 혼자서 물어물어 학교를 찾아갔다. 그런데 이게 웬일인가 학교 같지 않았다. 창고나 마구간 건물 같았다. 판자로 지었고 지붕은 스레드 지붕도 아니고 생철로 된 지붕이었다. 서울에서 입학한 중학교와 초등학교와는 너무나 차이가 심했다. 초등학교만도 못했다. 이대 부속 국민학교는 미국에서 가끔 손님이 찾아온다. 한국에 어린이는 어떻게 교육을 가르치나? 답사하러 온다.

그렇게 이대 부속 국민학교는 교육이 외국과 같이 시설이 잘 형성되어 있었다. 그 시절엔 가정환경이 어려운 어린이들은 사립학교에 들어가지 못했다. 하지만 여기는 가정 형편이 가장 어려운 아이들이 다니는 곳이었다. 언니는 사업이 번창하고 강원연탄 하면 모르는 곳이 없도록 매출이 대단히 좋아 객지에 처음 와서 사업을 시작해도 빨리 성공해서 유지로 살게 되었다. 1년 동안 집에서 일만 하고 조카만 돌보다가 학교에 가게 되니 너무 좋기만 했다. 전혀 학교 같지도 않고 초라했지만, 불만이 전혀 없었다. 생전 접해보지 않던 새로운 환경이었다. 충청도 아이들의 사투리가 처음엔 적응이 안 됐지만 그래도 나는 신나고 재미있었다.

교감 선생님이 영어를 가르치시는데 매일 나만 시키는 것이었다. 하도 목소리가 물방울 소리같이 예쁘다고 시키셨다. 그런데 그놈에 영어 시간이 문제가 되었다. 교감 선생님께 사랑을 받게 되니 질투가 심한 학급 반 은혜에게는 내가 가면 눈엔 가시가 되어 왕따를 시키는 것이었다. 은혜는 아주 똑똑하고 예쁘장하게 생겼다. 나만 없으며 인기를 독차지할 텐데 화가 나는 것이었다. 어디서 혜성같이 나타나서 서울 표준말에다가 모습도 깔끔하고 목소리도 꾀꼬리같이 예쁘기만 하니 모두가 시기와 질투로 꽉 차 있었다.

학교는 멀지만, 새로운 환경에 즐겁기만 하여 한걸음에 달려와 교실에 들어섰다. 오늘도 은혜는 내가 등교하는 것을 보고 낡은 책상 위에 걸터앉아 발을 꼬고 앉아서 왕초같이 아이들을 자기 책상 둘레에 모아놓고

"애들아, 석자 온다. 선생님께 알랑방귀 뀌는 애가 온다!"

그러면 아이들은 동물원에 원숭이 쳐다보듯 함께 히죽거리며 나를 향하여 바라보며 웃는다. 그래도 나는 아무 말도 하지 않고 내 자리에 소리 없이 앉는다. 또 영어 시간이 돌아오면 은혜는 눈이 찢어지게 나를 날카롭게 바라본다. 종례 시간이 끝나고 교실 밖을 나서면 내 뒤로 아이들이 둘러서 쫓아오면서 비아냥거리며 은혜는 나를 괴롭혔다.

"야야, 석자야! 선생님께 그만 좀 알랑방귀 좀 뀌어라, 왜 그렇게 선생님께 아부를 떠니?"

그러면 한마디 대꾸도 안 하고 두 반장 정자와 둘이 함께 묵묵히 걸어간다. 정자는 경상도 사투리를 썼다. 모두가 낯설었다. 정자는 점잖고 착해서 친했다. 은혜만 아니면 너무 학교생활이 재미있는데 은혜의 시기와 질투 때문에 참 보통 심각한 일이 아니었다. 견디다 못해 한날은 교무실에 교감 선생님 방을 두드렸다. 교감 선생

님은 깜짝 놀라시었다.

"아이고, 우리 석자가 내방에 어쩐 일이냐?"

교감 선생님의 커다란 눈이 더 커지시면서 의아한 듯 나를 바라보셨다.

나는 교감 선생님께

"교감 선생님!"

"오냐 말해 보아라"

"저는 학교만 와야지 친구가 있어요. 서울에서 와서 친척도 없고 친구도 없어요. 학교에 와야지만 아이들과 만나서 이야기를 나눌 수 있어요"

"흠, 그런데?"

"교감 선생님이 자꾸만 우리 석자 우리 석자 하면서 영어 시간에 저만 시키시니까 은혜가 저를 왕따시켜요. 그러니 제발 우리 석자 좀 빼시고 은혜를 영어 시간에 영어 읽기를 시켜 주세요, 전 교감 선생님보다 아이들이 더 좋아요”

교감 선생님은 교무실이 떠내려가라 하고 커다란 입을 있는 대로 더 크게 벌리시며 껄껄껄 거르시면서 웃으시었다. 그다음 날 영어 시간이 돌아왔다. ‘오늘은 은혜를 영어 읽기를 시키시겠지?’ 하지만 교감 선생님은

“우리 석자 3과 읽어 보아라” 하고 더 큰 소리로 말씀하셨다.

은혜는 또 눈이 찢어지라고 나를 곁눈질하며 날카롭게 쏘아 보았다. 교감 선생님께 말씀드려도 도저히 해결이 안 돼 날로 은혜는 아이들을 제 편으로 만들어놓고 나를 괴롭혔다. 낯선 지방에 와서 학교에선 왕따를 당하고, 집에선 언니의 구박이 심해져 갔다. 조카를 봐주고 일을 도와줄 때는 그렇게 상냥하고 친절하게 잘해주더니 돈도 들어가지도 않는 그 잘난 학교를 보내놓고서는 점점 쌀쌀맞았다. 언니가 구박하니 식모까지 나를 업신여겼다. 못된 것은 어려서부터 꼴을 못 보는 불같은 성격이었다. 그래서 못되게 굴면 참지 않고 가끔 식모와 다투었다. 그럴 때마다 언니의 구박은 점점 폭언과 폭력도 심해져 갔다. 그러한 큰 언니를 도저히 이해할 수가 없었다. 사업이 자리가 잡히고 식모를 두니 이제 내 도움이 그리 필요치 않기 때문이라고 생각하니 어린 나이에 생각하기에도 아주

괘씸했다.

학교 갔다 오면 쉴 시간이 없었다. 언니는 내가 앉아 있는 꼴을 못 본다. 밤 10시가 되어 그때 서야 조용히 숙제하려면 너무 피곤해서 책 위와 노트에는 코피가 뚝뚝 떨어졌다. 눈만 뜨면 일찍이 가방을 메고 학교 길을 나섰다. 맑고 푸른 하늘엔 하얀 뭉게구름이 너무도 아름다웠다. 구름 속에 엄마 얼굴이 커다랗게 나타났다. 엄마가 너무 보고 싶어 양 볼 위에는 눈물이 주르르 흘러내렸다. 오늘은 왕따 문제를 해결하려고 아주 작심했다. 은혜와 결판을 내야겠다. 학교에 도착하니 여전히 나를 기다리고 낡은 책상 위에 걸터앉아 변함없이 발을 꼬고 앉아 있었다. 은혜는 아이들을 동원하여 나를 집중적으로 비아냥거리며 공격했다. 언제나 고개만 숙이고 아무 말대꾸도 하지 않다가 오늘은 은혜를 정면으로 눈을 똑바로 바라보면서

"김 은혜!" 하고 큰 소리로 불렀다.

은혜는 나의 모습을 보고 깜짝 놀라며 갑자기 당황하였다. 아이들을 바라보면서

"애들아, 제 좀 봐! 나의 눈을 똑바로 바라보면서 내 이름을 부른다. 왜?" 하며 쌀쌀맞게 대답했다.

은혜를 바라보면서 오늘 종례시간 끝나면 주변에 아이들은 다 보내고 혼자 남으라고 했다. 한마디 대꾸도 없던 나의 뜻하지 않는 말과 행동에 아이들도 서로 얼굴을 마주 보며 의아한 듯 조용해졌다. 남학생들도 돌발적인 나의 행동에 놀라 눈이 동그래졌다.

"종례 시간 끝나고 은혜야, 너는 남고 주위에 너희들은 모두 집으로 돌아가! 은혜와 단둘이 할 말이 있다."

처음으로 정색하고 말하니 아이들은 가방을 챙겨 제각기 돌아가고 교실에 은혜만이 홀로 남았다. 교실에서 나오면 바로 운동장이고 오른쪽 바라보이는 곳에는 언덕 위에 작은 동산이 있었다. 은혜보고 동산에 함께 올라가자고 했다. 동산에 올라가서 머리끄덩이 끌고 대판 싸움을 벌이려고 하는 줄 알고

"무엇 때문에 동산까지 올라가니? 할 말 있으면 여기서 해!"

하고 얄밉게 쏘아붙이면서 말했다. 나는 친절하게 내가 너하고 싸우려고 동산에 올라가자고 하는 것이 아니라 하고 싶은 말이 있어서 그렇다고 말했다. 은혜는 불안한 마음으로 함께 동산에 올라갔다. 신선한 봄바람이 옷깃을 스치고 풀 냄새가 향기롭게 코를 찔렀다. 동산에 다 올라와서

"은혜야, 여기 앉아봐!" 은혜는 가만히 앉았다. 나도 그 옆에 가까이 다가가서 두 발을 나란히 뻗고 앉았다.

"은혜야, 저 하늘을 봐!" 나는 하늘을 손가락으로 가리키며 말했다.

은혜는 의아한 듯이

"하늘이 뭐, 어쨌다는 거야?"

"응, 저 구름들이 보이지!"

"그런데?"

"저 구름 들을 보면 말이야 여기저기 뭉게구름이 모여서 뭉쳤다가 또다시 바람이 불면 흩어져서 바람 따라 제각기 흘러간단다. 은혜야, 우리들의 인연도 저 구름과 같아. 지구촌에 그 수많은 사람 중에 너와 내가 만났다는 게 얼마나 큰 인연이니 하지만 우린 언젠간 또 헤어져야 할 거야. 저 떠도는 구름처럼 말이야! 그때 언제가 될지는 모르겠지만 그렇지?"

은혜는 아무 말 없이 저 아래 텅 빈 운동장만을 바라보고 있었다.

나는 또 말을 이었다.

“은혜야, 나는 처음 볼 때부터 너하고 친하게 지내고 싶었어. 네가 얼굴도 예쁘고 제일 깔끔하고 똑똑해 보였단다. 너에게 가까이 가서 친구 하고 싶은데 너는 왜 자꾸만 나를 미워하니? 난 서울에서 와서 친척도 없고 친구도 없어, 학교에만 와야 너희들하고 놀 수가 있거든. 은혜야! 이다음에 우리가 어른이 돼서 네가 성공하고 잘되면 나를 도와주고 내가 성공하고 잘되면 나는 너를 도와주는 그런 좋은 친구가 되고 싶어!”

친절하고 따뜻하게 하는 내 말을 듣고 은혜는 그만 엉엉 울음을 터트렸다.

“석자야, 미안해 정말 미안해 내가 잘못했어, 그래 우리 정말 좋은 친구가 되자! 은혜는 울면서 나에게 미안하다고 말했다.

해맑은 웃음으로 은혜 손을 꼭 잡고 고맙다고 하며 함께 동산을 내려왔다. 그다음 날부터는 은혜와 함께하였던 아이들이 모두 함께 사이좋은 관계로 친하게 지나게 되었다. 그러나 학교에 다닌 지 3개월 만에 큰언니의 욕설과 머리끄덩이를 온 방에 휘두르며 점점 거친 행동에 참을 수가 없었다. 도움이 될 땐 그렇게 친절하더니 사업이 성공해 일하는 사람을 두어 필요가 없으니 그렇게 완전히 달라질 수가 없었다. 언니가 나이가 많지만, 너무 못 되고 이용당한 배신감에 참을 수가 없어 어린 나이에도 소리소리 지르며 대판 다투었다. 큰언니는 백 원짜리 다섯 개 동전을 차비하라고 방바닥에 나를 향하여 던졌다.

"흥! 실컷 부려 먹더니 품삯이 500원? 기가 막혔다.

넓은 방바닥에 여기저기 흩어진 동전을 주워서 그날로 즉시 짐을 꾸려 조치원에서 서울까지 울면서 오느라고 기차표도 분실하여 서울역에서 내보내 주지를 않아 오랜 시간을 갇혔다가 나왔다.

버스 탈 차비도 없어 "언니, 차비가 없어요. 이대 입구까지 좀 태워 주세요." 차장 언니에게 도움을 청했다.

"그래, 타거라." 차장 언니가 고맙게 버스를 태워줘서 그리던 고향집으로 돌아오게 되었다.

서울에서 다시 중학교에 다니면서 여름방학이 되면 조치원 숭신중학교 학급 친구들을 만나러 가곤 했다. 갈 때마다 은혜는 너무 좋아했고 친절하게 잘해주었다. 서울에서 다니던 그 많은 동창은 연락이 안 돼도 조치원에 중학교 동창은 아직도 서로 소통이 되어 카톡방으로 매일 서로 소식을 전한다. 은혜는 신앙이 좋은 가장 모범적인 권사로 교회에서 활동하고 있었다. 어려운 사람들을 위해 사회 봉사활동을 많이 한다. 가정에도 충실하고 자녀들 교육에도 철저하다. 정말 너무나 예쁘게 성장했다. 초라하고 보잘것없는 학교였지만 예배와 찬양을 드리는 하나님이 인정하는 훌륭한 학교였다. 교감 선생님은 아이들을 반듯하게 모두 잘 성장시켜 주셨다. 나에게는 인생에 잊을 수 없는 가장 아름답고 정겨운 학교였으며 그곳에서 훌륭한 스승을 만나 나를 신학을 보내주시고 목사로 만들어준 잊을 수 없는 고마운 학교다.

매주 월요일 첫째 시간에 예배드릴 때면 교감 선생님은 두 손을 높이 들고 찬양을 부르시며 두 눈엔 눈물이 주르르 흘리셨다. 교감 선생님은 그 학교를 그만두시면서 학교는 폐교가 되고 서울에 올라오셔서 신학교 교수를 활동하시다가 첫아들 잃은 뒤에야 늦게 목사안수를 받으시고 교회를 개척하여 목회 활동을 하고 계셨다. 32년 만에 나를 따돌리던 은혜가 연락되어 교감 선생님 연락처를 알려주었다. 대형 교회에 권사로 은혜는 신앙이 성숙되어 있었다. 교감 선생님을 찾아가 신앙 간증을 한 뒤에 결국 나를 신학을 보내주셔서 목사가 되었다. 참으로 3개월의 인연이란 아름답고 소중한 만남이었다.

초등학교를 졸업하자마자 낯선 땅에서 가장 친절하게 해줘야 할

언니는 사업이 잘되자 어린 나에게 씻을 수 없는 많은 상처를 주었다. 학교는 학교생활대로 왕따를 당하면서 너무도 힘이 들었었다. 그러나 짧은 인연 진흙 속에서도 향기로운 꽃을 스스로 피워냈다. 그 꽃의 열매는 아름답고 고귀한 삶으로 이끌어주는 동기가 되었다. 택한 하나님의 자녀는 어떠한 폭풍 가운데서도 그 환경을 통해 더욱 놀라운 반석 위에 하나님은 올려놓아 주셨다. 모든 고난을 주신 하나님께 감사할 것밖에는 없다. 사람은 높은 곳에서도 처해보고 낮은 곳에서도 처해보며 가난에도 처해보고 부하게도 처해보아야 모든 사람을 이해할 수 있는 지혜와 통찰력이 생긴다.

우리 인생들은 나와 상관없이 뜻하지 않는 어려운 일들이 닥칠 때가 온다. 그 힘든 과정을 원망과 불평할 것이 아니라 하나님의 허락하신 환경을 깨닫고 긍정적으로 지혜롭게 환경을 지배하며 다스려 나가면 결국 좋은 열매를 맺게 될 것이다.

4. 어머니의 교훈과 위로

언제나 손을 잡아주시며 좋은 말씀으로 위로해 주시던 어머니, 지금도 달려가면 웃으며 따듯하게 맞아주실 것만 같다. 가슴속에 뒹구는 낙엽 소리는 아직도 어머니의 빈자리가 크기만 하다.

추운 겨울 크리스마스가 돌아왔다. 남편은 현대건설 입사해 첫 월급을 탔다. 시 아주버님과 시누와 쌍둥이 시동생들에게 선물했다. 물론 시아버지 시어머니께도 선물도 준비했다. 언제나 큰일 때마다 도와주시는 시어머니의 올케. 나에게는 시집에 시 외숙모님이시다. 신발이 다 떨어져 낡은 신발을 신고 다니셔서 첫 월급 선물로 따뜻한 털신을 선물로 사드렸다. 하지만 그것이 화근이 되어 시어머니께 야단을 맞게 되었다. 칭칭 시야에 있으면서 시집 식구들은 안 챙기고 외숙모님을 챙긴다는 것이었다. 나는 모두 선물을 사서 주었다고 말씀드렸다. 시어머니는 쥐꼬리 같은 월급을 그렇게 마구 쓰면 어떡하냐고 야단을 치셨다. 그다음부터는 언제나 몸이 불편하신데도 시어머니의 일을 도와주시고 다녀갈 때면 시어머니 몰래 재빨리 약값을 시외숙모님 주머니 속에 쑥 넣어 드렸다. 그럴 때마다 눈물을 글썽거리시며 언제나 고마워하셨다. 외숙모님은 쪽방에서 고생하시며 가난하게 사셨다. 지금은 외삼촌이 돌아가시고 절에 들어가서 사신다는 소식을 아주 늦게 서야 들었다. 차라리 잘됐다고 생각했다.

시어머니는 언제나 무슨 불만이 그렇게 많은지, 일주일을 곱게 지나가는 일이 없다. 방문을 부서져라. 쾅 닫지를 않는가, 스텐 대야를 양회 바닥에 내던지지를 않나 임신 중인 나는 언제나 불안한 가운데서 생활했다. 그 태아 속에서 놀래고 스트레스받던 아들은 태어나서 성격이 신경질적이었고 폭력적이었다. 어려서 외사촌 형제들에게 별명이 킹콩이던 성격은, 중학교 3학년 교회 수련회를 다녀온 뒤로 온순하게 완전히 변화되었다. 아들의 성장 과정을 보면서 얼마나 환경을 통하여 태아 교육이 중요하다는 것을 피부로 실감하도록 체험했다.

시어머니는 친정어머니와는 너무 대조적이었다. 친정어머니는 옆집이 너무 가난하여 할아버지 몰래 쌀도 퍼다 주시는 어머니이셨다. 참으로 사람이 태어나서 좋은 성품을 가지고 태어난다는 것이 얼마나 큰 축복인지 새삼 느끼게 했다. 좋은 성품은 주위를 모두 밝고 행복하게 해주지만 좋지 못한 성격은 주위를 모두 어둡게 하고 불안하게 한다. 시집살이가 힘들고 고통당할 때면 엄마에게 달려와 "엄마 나 너무 힘들어"하면 어머니는 나에게 이렇게 말씀하셨다.

"어멈아! 부모는 백까지 중에 자식에게 한 가지만 잘해주고 아흔아홉 가지 잘못해 주어도 죄가 되지 않으나 자식은 백까지 중에 아흔아홉 가지 잘해드리고 한 가지만 부모에게 잘못해 드려도 죄가 된단다."

어머니는 등을 토닥거리시면서 따뜻한 미소로 언제나 달래주시며 위로해 주셨다. 어머니의 마음은 전혀 헤아리지 못하고 속상할 때마다 어머니께 투정 부렸던 것이 너무도 마음이 아프다. 세월이 많이 흘러갔지만, 어머니의 따뜻한 위로와 사랑의 빈자리는 그 어떤 것으로도 채울 길이 없다. 그렇게 교훈하시며 달래주시던 어머니, 나는 그날로 돌아가 시어머니 사랑을 위해 기도했다. 긴긴 나날의 기도 끝에 이루어졌다. 내가 시어머니께 사랑이 부족했다. 억울한 생각과 미운 생각만 가득했던 것이었다. 예수님께서 나 같은 죄인을 구원하시려고 십자가에 못 박히신 것을 생각하니 회개뿐이었다. 이것은 내 의지로 되는 것이 아니었다. 성령님의 도우심이었

다. 시어머니와 함께 팔짱을 끼고 시장을 가면

“친정어머니세요?”

“아뇨, 시어머니세요.”

“어머나, 그런데 어쩜 친정어머니처럼 그렇게 정다우세요?”

어머니의 교훈은 모든 사람으로부터 칭찬받게 하셨다. 어머니는 늘 나에게 이렇게 말씀하셨다.

“어멈아, 착하게 살아야 한다. 악한 끝은 없어도 착한 끝은 있단다.”

아직도 나는 그 말씀이 무슨 뜻인지 잘 이해하지는 못하지만 어떠한 상황에도 악하게 살지 말고 선하게 살다 보면 좋은 날이 온다는 뜻일 것이다. 그렇게 어머니 교훈과 따뜻한 사랑은 많은 사람들에게 사랑을 나누게 하셨다.

어머니 생각이 떠오를 때마다 가슴이 울컥한다. 세월이 흘러갔어도

"어머니! 사랑합니다."

라고, 수없이 불러보아도 대답은 없지만, 어머니의 쓸쓸한 빈자리 속엔 아직도 한없이 부르고 싶은 어머니의 이름이다.

김포 대곶 정원에서 어머니와 함께

5. 불길한 꿈

사람이 살다가 불길한 꿈을 꾸게 되면 그날은 조심하게 되고 가던 길도 멈추게 된다. 하지만 믿음 안에서 굳게 서면 모든 것을 물리칠 수 있다.

창밖엔 구름 한 점 없는 화창한 날씨였다. 오늘따라 어머니는 지난 세월을 이야기해 주셨다. 마을에서 가장 잘 사는 부잣집에 무남독녀 외동딸이었다고 하셨다. 처녀 때는 혼자서 함부로 돌아다니지를 못하게 하여서 외출할 때는 치마로 얼굴을 가리고 하녀와 함께 외출하셨다고 하셨다. 아버지가 돌아가신 후 큰오빠는 사업과 놀음으로 그 많은 재산으로 다 탕진해 날려 보냈다고 하셨다. 산림이 갑자기 어려워지니 외할머니는 바삐 어머니를 그저 밥걱정 없이 넉넉히 잘 사는 집이면 된다고 시집을 빨리 보내게 되었다고 하셨다.

친정어머니는 어렵 살 이로 인해 외동딸 집에 와서 한 달씩 있다가 쉬고 가시곤 했다고 한다. 나도 어렴풋이 생각이 난다. 어른 앞에서 상에다가 젓갈을 소리 내어 똑똑 두들긴다고 긴 담배 데로 머리를 때리며 호통을 치시던 엄격한 외할머니로 기억에 남는다. 어려서 젓갈을 똑바로 못 쥐어서 상에다 똑바로 맞추느라고 소리가 난 것이었다. 친할머니는 양지바른 창가에서 무릎에 누여 귀지를 후벼주시던 인자한 할머니로 기억으로 남는다. 3~4살쯤 되는 것 같은데 어려도 깊이 가슴에 담은 것은 기억나는가 보다. 어머니의 지나간 세월을 들으니 나도 어려서의 일들이 주마등같이 추억이 새롭다.

오늘따라 어머니는 흘러간 옛이야기를 하시면서 친정 올케가 보고 싶다고 하셨다. 외삼촌은 돌아가시고 병중에 집에서 홀로 외숙모는 자녀들과 함께 살아가고 계셨다. “병들고 늙어서 오고 갈 수가 없으니 영영 못 보고들 이대로 죽나 보다” 하며 어머니는 외롭고 쓸쓸한 표정으로 창밖을 바라보며 긴 한숨을 내쉬었다. 친정 추억을 회상하시는 모습을 보고 마음이 숙연해졌다. 어머니를 모시고 다음 날 외숙모님 댁을 가기로 마음을 먹었다. 이른 봄 햇살이 창 너머로 들어와 정답게 모녀들의 대화를 따사롭게 비추어주었다.

“엄마, 우리 내일 외숙모님 댁에 가요. 뭐가 어려워요, 가서 만나면 되는 거죠.”

“응? 내일 외숙모한테?”

“예, 저도 외숙모님과 모두 보고 싶네요.”

어머니는 너무나 좋아하셨다. 활짝 웃으시는 모습이 마치 어린아이 소풍이라도 가는 듯한 모습이었다. 나는 부지런히 내일 외숙모 집에 갈 준비를 하느라고 마트에 가서 소고기를 사고 이것저것 물건을 준비해 놓았다. 어머니는 밤잠을 설친 것 같았다. 나도 예배드릴 말씀을 준비하느라 긴 잠을 못 이루었다. 하지만 너무나 꿈자리가 사나워서 은근히 걱정되었다.

“왜 이렇게 꿈자리가 사납지? 가는 곳이 집터가 안 좋아서 그런가?”

외삼촌이 산을 좀 깎아서 손수 집을 지은 집이었다. 그러나 집터는 좋은 것 같지는 않은 것 같았다. 외가댁에 여러 가지 우환이 참 많았다. 아침부터 어머니와 의견이 무엇인가 자꾸만 다투게 되었다. 다툴 일이 전혀 없는데 이상했다. 불안한 생각이 걸림돌이 되어서 가고 싶은 마음이 사라졌다.

"주님이 가지 말라는 것인가? 왜 이렇게 마음이 혼란하지?"

장거리를 운전해야 하는데 안 좋은 꿈이 신경이 쓰여 자꾸만 망설여졌다. 하지만 지금 외가댁에 못 모시고 가면 그렇게 보고 싶은 올케와 시누가 영영 다시는 못 볼 수도 있다. 외숙모님은 초등학교도 못 나오셔서 한글을 모르시는데 성령을 받아 글이 저절로 깨쳐 성경을 읽으시고 권사님이 되셨다. 체험의 신앙이셨다. 밤새워 설교 예배 준비해 놓았는데, 안 가면 안 된다. 이놈에 마귀 새끼들이 예배드리지 못하게 방해하는 것 같았다. 귀신을 쫓는 축사 기도를 끝내고 꿈을 무시한 채 어머니를 모시고 88도로 지나 오류동을 향하여 달렸다. 가본 지가 30년쯤 된 것 같은데 생각보다 길을 헤매지 않고 어느새 빨리 외가댁에 도착했다. 기분이 내가 운전하는 것 같지가 않았다. 성령님이 인도하신 것 같다.

"외숙모님!" 부르며 문을 열고 들어갔다.

"어머나 언니, 고모님도 오셨네요!"

외사촌 동생 영숙이가 반갑게 맞아주었다. 방안에 외숙모님은 링거를 꽂고 계셨다. 어머니와 함께 외숙모님께 인사를 드렸다.

"외숙모님 안녕하셨어요!"

"형님 저 왔어요!"

"아니 이게 누구야 석자 아니냐? 어머나, 고모님도 오셨네요."

누워서 외숙모님은 깜짝 놀라며 반가워 어쩔 줄을 모르셨다. 어머니와 외숙모님은 너무 반가워 두 손을 마주 잡고 눈물을 흘리셨다. 마치 두 분이 이산가족 만나듯 했다. 가슴이 뭉클해졌다.

"주님 어머니와 외숙모님 함께 만나게 해주셔서 너무 감사합니다."

하고 마음속으로 기도를 올려 드렸다.

뒷동산에 올라가니 어려서 기억이 떠올랐다. 외삼촌 외할머니 사촌 형제들이 모두 함께 있을 적 일들이 주마등같이 흘러간 세월이 생각났다. 영숙이는 가족들에게 모두 전화로 석자 언니랑 고모님이 오셨다고 연락하였다. 외사촌 형제들이 한 가족 두 가족 모여들기 시작했다. 갑자기 오대가 모였다. 마루며 온 방들이 모두 가득 채웠다. 앞마당엔 승용차로 주차장이 되어버렸다. 외숙모님께 예배드리자고 했다. 외숙모님은 너무 좋아하셨다. 교회도 못 나가시니 더욱 그러했다. 막둥이 외사촌 남동생이 장로가 되어서 함께 예배드리기가 좋았다. 나는 준비 찬송가를 함께 몇 곡 부르고 첫 시간을 기도로 뜨겁게 시작하였다. 준비된 순서대로 목소리는 우렁차게 예배를 성대하게 드리며 말씀을 마쳤다. 모두 손뼉을 요란스럽게 치며 예배는 생각보다 뜨겁게 5대가 드리는데 부흥성회가 되고 말았다.

이것은 성령님이 하신 것이었다. 내가 한 것이 절대로 아니었다. 외숙모님도 감탄하시고 사촌 형제들도 변화된 나의 모습을 보고 깜짝 놀랐다. 교회를 나가지 않는 여동생들과 오빠들을 놓고 전도하기에 바빴다. 친형제들과 함께 예배드리는 것과는 달리 외가댁은 성령이 뜨거웠다. 오대가 모여서 예배를 드리니 마귀사단은 이것을 미리 막기 위해서 아침부터 그렇게 못 가게 난리를 치고 방해한 것 같았다. 꿈자리 사납다고, 아침에 기분이 안 좋다고 어머니 모시고 외숙모님 댁에 안 왔다면 어찌했는가!

이렇게 하나님께서는 외가댁에 전도하며 아들 손자 손녀 며느리 5대를 불러 대성회 예배 잔치를 드리게 하셨고, 어머니는 오랜만에 친정에 와서 올케와의 마지막 이별의 예배를 드리게 되었던 것이었다. 좋은 일에 참고 견디며 힘쓰는 일에는 하나님은 항상 도우신다는 것을 깨닫고 또 체험하게 되었다.

빛과 어둠, 선과 악, 성령과 악령, 이것은 동시에 함께 다발적으로 역사를 한다. 영을 담는 우리 육체의 장막은 살아있는 날까지는 이 세상은 영적 전쟁 속이다. 모든 것은 내가 무엇을 택하느냐의 중요성이다. 환경에 일어나는 일들을 바라보지 말고, 모든 환경 속에서 우리가 어떤 것을 택하여야 하나님이 기뻐하실까? 하는 생각하고 선택을 하면 된다. 부정적 혼돈을 주는 것은 사탄의 장난이다. 잘못된 생각과 올바른 생각에 따라서 삶 속에 빛과 어둠이 역사를 한다. 그러므로 행복과 불행은 내 안에서 일어나는 것이다. 영적 분별력을 가져서 마귀가 일하는 꿈에 속지 말아야겠다.

6. 죽은 영혼의 목소리

가장 도움이 필요한 사람에게 도움을 주지 못하고 갑자기 그가 세상을 떠날 때 그 아픔은 이루 말할 수 없었다. 애틋한 사랑에 통곡의 눈물은 죽은 영혼도 찾아와 위로해 주고 떠났다.

아버지는 6.25사변 때 돌아가시어서 어머니는 8남매를 혼자서 힘들고도 외로운 세월 속에서 키워 오셨다. 그중에 말 못 하는 정신 박아야 큰아들이 있어 더욱 힘들게 살아오셨다. 어려서 높은 사랑채 마루에서 떨어져 뇌를 다쳤다고 하셨다. 할머니는 백방으로 뛰어다니며 고치려 했으나 아무 소용이 없었다고 하셨다. 자녀들을 모두 결혼을 시키고 오랜 세월 동안 어머니는 장애인 오빠와 둘이서 함께 살아오셨다. 큰오빠는 신경질이 점점 더 심하여 어머니가 힘들어지자, 막내 오빠 전원주택으로 들어오시게 되었다. 땅이 넓으니 그 안에 둘째 오빠가 돈을 주워 어머니 집을 따로 지었다. 큰오빠를 돌보며 막내 오빠와 함께 안전하게 살게 되셨다. 무엇보다 교회 차가 와서 큰오빠와 어머니를 함께 교회를 다니게 돼서 너무 좋았다.

그러나 어머니가 갑자기 폐렴으로 병원에 입원하게 되셨다. 퇴원하고 병중인 어머니를 내가 집으로 모시고 오게 되었다. 형편이 가장 어려운 막내딸 집이지만 어머니는 모처럼 너무나 행복하고 평안하게 내 집에서 잘 지내시게 되었다. 하지만 장애인인 큰오빠는 돌보지를 못해서 한 달에 두 번씩 와서 돌봐 주려 했으나 막내 오빠는 펄쩍 뛰며 절대로 오지를 못하게 하였다. 내가 왔다 가면 더 난리를 친다며, 아주 체념하고 잊어버려야 한다고 돌봐 주지를 못하게 하였다. 그것이 나에겐 한 맺히게 했다.

막내 오빠는 초등학교에 전기기술직으로 근무하다가 정년퇴직하게 되었다. 퇴직금을 받아 살던 집은 그냥 두고 높은 지대에 포도밭을 갈아엎고 그 자리에 전원주택을 또 짓게 되었다. 어머니와 나는 매일 새벽기도로 좋은 건축주를 만나 아름다운 에덴동산에 예쁜 집을 지어달라고 기도하였다. 기도는 이루어져 어머니는 새로 예쁘게 지은 막내 오빠 전원주택으로 다시 돌아오시게 되었다. 장애인 큰오빠는 어머니가 오시니 너무 반가워 엄마 있는 곳으로 단숨에 달려와 어머니의 두 손을 마주 잡고 이산가족 만나듯 어머니와 함께 펑펑 울고 있었다.

나도 눈시울이 뜨거워졌다. 아래채 내려가 큰 오빠 사는 집을 가 보았다. 밥을 할 줄을 몰라 쌀을 씻어서 취사에다가 놓아야 하는데 보온에다가 놓고 밥을 해서 그동안 잘 익지도 않은 선 밥을 먹고 있었다. 늦은 밤에 궁금해서 또 내려가 큰오빠 방을 열어보니 깜짝 놀랐다. 주방과 방바닥에 온통 바퀴벌레가 새카맣게 잔뜩 기어다니고 있었다. 목욕탕은 곰팡이로 천정에 가득했다. 그다음 날 당장 작은 언니와 큰 언니에게 도움을 청했다.

“언니, 처음이자 마지막으로 부탁이야! 엄마 모시고 막 네 오빠네 집으로 돌아오니 큰오빠 사는 집이 보기 힘들 정도로 더러워, 함께 청소 좀 도와줘. 혼자서는 너무 힘들어!”

큰언니는 못 오고 작은 언니가 와서 막내 오빠와 셋이 함께 대청소하고 바퀴벌레도 깨끗이 해결했다. 그리고 음식을 장만해서 냉장고에 넣어주었다. 큰오빠의 생활이 그동안 어떻게 살아왔는지 눈앞에 그림이 펼쳐진다. 가슴이 미어지듯 너무 아팠다. 따뜻한 봄날이었다. 어머니가 이제는 백 세가 넘어 몸이 불편하여 장애인 큰오빠를 돌보지를 못하시었다. 한집에서도 천 평 넘어 거리가 멀다.

아래채 멀리 떨어져 혼자서 따로 살기 때문에 큰오빠 식사가 걱정되었다. 엄마한테 갈 적마다 노량진 수산시장에 가서 생선을 잔뜩 사고 큰오빠가 좋아하는 빵과 여러 가지 시장을 보고 어머니께 왔다. 그런데 오빠가 며칠째 집에 들어오지를 않는다는 것이었다. 웬일일까? 불길한 생각이 들었다. 한 번도 집을 못 찾아온 적이 없었다. 올케가 경찰서에서 연락이 왔다고 하였다. 올케는 어려서 교회 성가대 친구였다.

"석자야! 큰오빠가 교통사고로 영안실에 있대 경찰서에서 연락이 왔어."

청천벽력 같았다. 그동안 어머니를 모시는 동안 혼자서 너무 불쌍하게 살아서 큰오빠를 한 달만 내 집으로 데리고 와 잘 먹이고 공원도 데려가 구경도 시켜 주고 싶었다. 지난날 어머니와 함께 나에게 쉬러 올 때면. 나는 큰오빠를 데리고 마트를 가서 먹거리를 산다. 시골 재래시장만 보다가 대형 이마트를 처음 보니 눈이 휘둥그레져서 구경하며, 얼마나 좋아했는지 모른다. 오빠에게 카트를 끌라 하고 물건을 잔뜩 사면 고만 사라고 자기 때문에 돈을 너무 많이 쓴다고 큰 소리로 손짓하며 야단한다. 엄마와 오빠가 먹어보지 못한 것을 이것저것 잔뜩 사가 지고 와서 큰오빠를 챙겨 먹였다. 밥상에 오빠와 함께 앉아 생선은 다 가시를 발라서 살만 밥 위에 올려주었다. 그렇게 보름 정도 쉬었다가 집으로 돌아갈 때면 큰오빠는 현관에서 무어라고 나에게 말하는데 잘 알아듣지를 못해 엄마에게 물어보았다.

"엄마! 오빠가 나에게 뭐라고 말하는 거예요?"

"응, 너에게 너무나 고맙다고 하는 말이란다."

"어휴, 큰오빠는 멀쩡한 형제들보다 훨씬 낫네. 고맙다는 말도 할 줄 알고"

오빠를 보고 괜찮다고 웃으며 또 엄마와 함께 놀러 오라고 하였다. 큰오빠는 잠시 내게 왔다가는 것을 행복해하고 무척 좋아했다. 그렇게 나에게 오는 것을 좋아해서 큰오빠만 데리고 와서 한 달만 실컷 먹이고 서울대공원과 창경원 고궁을 데리고 다니면서 구경을 시켜 주고 싶었다. 장애인 오빠를 데리고 다녀도 나는 부끄럽거나 사람들의 시선에 신경을 전혀 쓰지를 않는다. 그러나 다른 형제들은 그렇지 않다. 당연하다고 이해한다. 생각과 삶의 목적과 방향이 모두가 나와 같을 수는 없기 때문이다.

남편이 고리 원자력 발전소에 발령이 내려 부산 해운대 아파트에 잠시 살았을 때였다. 부산 아파트는 베란다를 열면 해운대가 한눈에 보였고 아침이면 어느 땐 지대가 높아 마트를 가려면 하얀 구름을 밟고 다녔다. 움직이는 구름을 밟고 다니니 어느 땐 기분이 으스스했다. 서울 아파트보다 환경이 너무 좋았다. 유치원 다니는 딸과 초등학교 1학년 아들이 놀이터에서 그네를 타면 저 아래 해운대 바다가 한눈에 보여서 “엄마! 우리 집은 꿈나라 동산이야”라며 무척 좋아했다. 이때다 싶어 시아버지와 시어머니 모두 부산 구경을 시켜드렸다. 시어머니와 시아버지는 너무나 좋아하셨다.

그다음엔 큰 올케언니한테 어머니와 장애인 오빠를 부산 도착하는 시간을 알려 기차를 태워서 보내달라고 했다. 부산역에 가서 큰 오빠와 어머니를 모시고 와 태종대도 구경시키고 동백섬도 관광배를 타고 구경을 시켜드린 적이 있었다. 해운대 아파트에 사니 호텔비와 식비는 안 들기 때문이다. 내가 관광여행을 보내드릴 수 있는 형편이 안 되었기 때문에 기회는 이때다 하고 양쪽 부모님을 부산 구경을 시켜드린 것이었다. 지금은 모두 저세상으로 떠나셨다. 그때 6개월 동안 생활비가 구멍이나 어렵고 힘들었지만 이제 와 생각하니 얼마나 잘했는지 부모님들께 자신이 조금은 위로가 된다.

어머니는 병중에 큰오빠와 떨어져 3년 동안 모시면서 온천으로 강원도 대한 수도원과 여러 기도원으로 마음껏 모시고 다녔다. 어머니 천국 가시면 보려고 생명 장기보험을 타서 비디오카메라를 샀다. 그리고 어머니와 함께 보낸 날들을 모두 찍어놓았다. 홀로 외롭고 적적할 때와 내가 힘들고 자리에서 일어나지 못할 그때, 지난 일들을 보기 위해서였다. 어머니와 함께 가장 행복했던 시간 들이었다. 이제 장애인 오빠도 나이가 많아 마지막이 될지 몰라 3년 동안 너무 혼자서 고생하여 천국 가기 전에 한 달만 집으로 데려와 즐겁고 행복한 시간을 만들어주고 싶었다.

그러나 이것이 웬일인가! 다른 형제들에겐 문전박대만 당하던 장애인 오빠의 원도 풀어주지도 못한 채 엄마 없이 혼자서 고생만 하다가 교통사고로 밤길에 죽어 가족을 찾지 못해 사흘째나 영안실에 홀로 있다니 기가 막혔다. 하나님이 원망스러웠다. 기도원을 내주시면 모두 성전에서 말씀을 전하면서 어려운 형제들과 어머니와 함께 살 수 있었을 텐데…….

하지만 바로 회개했다. 그것은 자녀들을 너무 고생시킬까 봐 기도원을 개척하지 못한 것이었다. 자식을 과감히 버리고 예수님을 따르지 못했던 나의 믿음이 적은 벌이었다. 올케한테 소식을 듣자마자 큰오빠가 쓰던 목욕탕에 들어와 털썩 주저앉아 대성통곡을 하며 울고 또 울었다. 한참 울고 있는데 어디선가 멀리서 죽은 큰오빠의 목소리가 들려오기 시작했다. 갑자기 소름이 끼쳤다.

"석자야! 석자야! 울지 말아 울지 마라! 나 좋은 데로 간단다. 나 좋은 데로 간단다. 걱정하지 말아라! 걱정하지 말아라! 그동안 정말 고마웠다. 그동안 정말 고마웠다. 나 인제 간다. 잘 있거라 나 인제 간다. 고맙다.

석자야, 고맙다. 석자야!"

계속 세 번씩 반복하며 처음에는 멀리서 작은 소리로 났다가 차츰차츰 가깝게 소리가 크게 들려오기 시작했다. 그리고 또 말소리가 점점 점, 멀어져 가면서 사라지기 시작했다. 나는 울음을 멈추었다. 그 목소리는 분명히 장애인 큰 오빠의 목소리였다. 형체는 보이지 않고 말소리만 똑똑히 들려왔다. 나이는 25~27세 사이 장성한 청년의 목소리였고 아주 정상적인 말 또렷한 목소리였다. 하도 큰소리로 대성통곡을 하고 오빠가 쓰던 목욕탕에 혼자서 울고 있었더니 멀리 떠나기 전에 오빠의 영혼이 찾아온 것이었다. 지난날 주님의 음성은 들어 보았으나 실제 가족이 죽은 영혼의 음성은 생시로 처음으로 들어 본다.

한동안 사람의 영혼에 대해서 깊은 생각에 잠기었다. 사람이 죽으면 늙은 모습, 병든 모습, 장애인의 모습으로 저세상 가는게 아니었다. 극히 가장 젊었을 때의 처녀, 총각의 정상적인 몸을 영체로 바뀌어서 천국에 가는 것이라고, 생각하게 되었다.

(많은 사람은 죄에 가려, 보이지 않는 또 하나의 세계가 있다는 것을 모른다. 몸은 영을 담는 그릇에 불과하다. 육체의 장막이 무너지면 육체는 흙으로 와서 흙으로 돌아가고 영혼은 육체 속에서 빠져나와 사후세계에서 심판을 받고 지옥과 천국으로 나누어져 각자 행위대로 돌아가게 된다는 것을 모른다. 또한 사람이 죽으면 영체로 바뀌어서 하나님의 택한 자녀들은 천사처럼 아름다운 모습으로 천국에 들어가는 것을 모르고 있다.)

슬펐다가 이루 말할 수 없는 기쁨이 넘쳐 갑자기 구름에 뜨는 듯 행복해 어쩔 줄 몰랐다. 오빠가 천국에 가는가 보다 하고 생각했기 때문이다. 말 못 하는 장애인이 아니라 정상적인 또렷한 말로 건장한 청년 목소리를 들으니 너무 기뻤다. 큰오빠는 교회 나가는 것을 무척 좋아했었다. 교회를 다니면서 심한 뇌전증도 없어졌고 신경질도 많이 적어졌다. 용돈만 생기면 십리 길을 걸어 양곡 시장에 나가 오빠가 듣는 음악 테이프와 어머니의 옷과 양말을 사다 드리는 것이 취미였다. 가을이면 밤을 잔뜩 주워내게 주려고 내가 오기를 손꼽아 기다리고 있었다. 어머니는 내 앞에서 죽어야 하는데 하면서 늘 장애인 오빠를 걱정하시었는데 원하시는 데로 오빠를 먼저 천국을 보내게 되었다. 어머니는 몇 해 더 사시고 내가 호주로 떠나기 전에 어머니 소원대로 나의 곁에서 106세에 장수하시고 평안히 집에서 소천하셨다. 큰오빠의 죽음은 마음이 아팠지만, 영혼이 돌아와 위로해 주고 떠나니 무거웠던 마음이 평안하고 행복해져 가벼워졌다. 형제 중에 가장 은혜를 아는 고마운 오빠였다.

“석자야, 울지 말아 나 좋은 데로 간단다. 걱정하지 마라! 그동안 고마웠다.”

아직도 죽은 오빠 영혼의 목소리가 귓전에 들려오는 듯하다. 가장 염려하고 걱정했던 장애인 큰오빠와 어머니는 이제 외롭고 슬펐던 이 세상보다 기쁘고 평안한 그곳 천국으로 영원히 떠났다. 너무 보고 싶다.

하늘엔 뭉게구름이 피어오르고 낙엽은 산등선마다 물들어져 가고 있다.

조금 있으면 저 낙엽들도 빨갛게 물들어 땅에 떨어지겠지. 이제 나도 떠날 준비하며 인생의 끝자락에서 마지막 글을 써나가고 있다.

제5부
천국과 지옥

1. 육체 속에서 영혼이 빠져나감

천국과 지옥은 사람이 생각할 수 있는 곳이 아니다. 천국은 상상을 초월하는 아름답고 기쁨의 나라 행복의 나라였다. 말로 표현할 수 없는 평강이 넘치는 영원한 곳이었다. 그곳은 성별이 없었다. 영체로 바뀌어서 아름다운 천사와 같은 모습으로 가는 것이었다. 지옥은 이루 형용할 수 없는 고통스럽고 무서운 곳이었다. 지옥은 죽지를 않는다는 것이 가장 끔찍스러웠다. 천국은 너도 가자 어깨동무하며 함께 가는 곳이 아니다. 천국과 지옥은 하나님과 일대일의 관계였다.

2. 일곱 산을 넘어서 빈 나룻배

지금으로부터 수십 년 전에 일이었다. 어려서 진리를 찾아 헤매고 다니던 나는, 위장이 만진 창이 되어 고통 중에 이제 하나님을 찾기보다는 나를 찾기에 마지막 혈투를 벌였다. 죽음 앞에서야 결국 내가 어디서 왔으며 현재 어디에 있으며 사후에 어디로 가는지를 깨닫게 되었다. 나를 찾으니, 하나님이 보였고 하나님이 보이니 내가 보였다. 나는 우주 만물을 창조하신 하나님의 자녀였다. 그분은 대우주였고 나는 소우주였다. 진리를 깨닫고 나니 세상에 무섭고 두려운 것이 없어졌다.

그리고 어느 날 깊은 수면에 들어갔다. 내가 몸 안에 있었는지 몸 밖에 있었는지 비몽사몽간에 내 육체 안에 영혼이 몸에서 빠져나와 어디론가 가고 있었다. 일곱 산을 넘어 얼마만큼 산 비탈길을 내려오니 강가에 빈 나룻배가 나를 기다리는 듯 흔들거리며 둥실 둥실 물 위에 떠 있었다. 그 작은 나룻배를 탔다. 배는 내 몸을 싣고 저절로 물결 따라 흘러만 갔다. 얼마만큼 가더니 배는 갑자기 산기슭 바위에 기대어 저절로 섰다. 배에서 내려 우거진 산속 비탈진 오솔길을 한참 걷고 또 걸어갔다. 막다른 길이다. 앞에 두 개의 큰 동굴이 나왔다.

3. 천국과 지옥 가는 두 동굴

동굴이 아니라 통과하는 터널 같았다. 바로 영적으로 느낄 수가 있었다. 동굴은 막혀 길이 없지만, 터널은 길이 뚫렸다는 것이다. 천국과 지옥 가는 길이라고 생각했다. 그러나 어느 길이 천국 가는 길이고 어느 길이 지옥 가는 길인지 알 수가 없었다.

"좁은 문으로 들어가라. 멸망으로 인도하는 문은 좁고 그 길이 넓어 그리로 들어가는 자가 많고, 생명으로 인도하는 문은 좁고 길이 협착하여 찾는 이가 적음이니라."(마 7:13~14)

"좁은 문으로 들어가기를 힘쓰라. 내가 너희에게 이르노니 들어가기를 구하여도 못하는 자가 많으리라."(눅 13 : 24)

커다란 두 동굴 앞에서 그냥 이렇게 기도했다. "아버지여 나는 어느 길이 천국 가는 길이고 지옥 가는 길인지 모르겠나이다. 내가 만약 천국 가는 길로 들어간다면 이생에서 아버지께 조금이라도 칭찬받을 만한 일이 있어 보내주시니 감사합니다. 만약 내가 지옥으로 가는 길로 들어간다고 하면 이생에서 내가 아버지께 너무 불순종해서 가오니 아버지여 마땅히 벌을 받아야지요. 그도 감사하나이다."

그것은 나의 잘못과 죄를 인정하고 회개하는 뜻이었다. 그렇게 모두 감사의 기도를 드렸다. 이상하게 평탄하고 넓은 길을 가지 않고 아주 협착하고 자갈밭인 좁은 굴로 들어갔다. 그 길을 통과하는 길은 너무나 위험했고 죽을 고비를 넘기고 또 넘겨서 힘들게 통과했다.

4. 천국의 꽃밭과 천상의 음악 소리

어둡던 굴이 멀리서 빛이 보이기 시작했다. 빛을 따라 굴 밖으로 나오니 양쪽에는 이름 모를 꽃들이 만발하였다. 이생에서 맡아볼 수 없는 향기와 꽃들이 상상할 수 없도록 아름다웠다. 영계의 세계는 도저히 글로도 말로도 표현할 수가 없다. 또 어디선가 음악 소리가 들려온다. 천상의 음악 소리를 들으니, 몸이 새털같이 가벼워져 구름 위로 둥실둥실 떠가는 기분이었다. 그것은 하늘나라에서만 들을 수 있는 기쁨이 충만한 평화로운 음악 소리였다.

"내가 하늘에서 나는 소리를 들으니 많은 물소리와도 같고 큰 우렛소리와도 같은데 내가 들은 소리는 거문고 타는 자들이 그 거문고를 타는 것 같더라"(계14:12).

5. 목회자 최고의 금 면류관

음악의 선율에 따라 들어가니 어느 커다란 궁전이 보였다. 그 궁전 안에 주님의 보좌 옆에 아름답고 찬란한 금 면류관을 쓴 한 사람이 있었다. 나는 주님께 물었다.

“주님 저분은 저세상에서 무슨 일을 하였기에 저렇게 빛나는 금면류관 받으셨나요?”

“저 아래 세상을 내려다보아라!”

천상에서 저 아래 지구촌이 내려다보였다. 무인도에 아주 작은 교회가 있었다. 그곳에는 성도가 세 노인밖에 없었다. 이름도 빛도 없이 세 노인의 생명을 구원하기 위하여 목회하고 계신 분이셨다. 참으로 이해할 수 없는 것은 매일 저녁에 회개하고 주무시는 것이었다. 천상에서 보니 맑고 투명하신 목사님이셨다. 그 섬에서는 죄를 지을 일도 없으셨다. 세 노인은 목사님을 신같이 충성으로 섬기었고 주변에는 아름다운 꽃과 동산에는 새소리뿐이었다. 바다에서 떠오르는 태양이며 산으로 넘어가는 황혼이며 밤하늘에 별들은 아름답게 수놓아 바다에 떨어지고, 달빛은 돌로 지은 작은 섬 교회를 밝게 비추었다. 새소리, 물소리, 바람 소리, 천국과 같이 아름다운 섬이었다. 하지만 그 가난하고 남루한 목사님은 매일 같이 회개하는 것이었다. 그리고 한 분 한 분 모두 천국으로 보내드리고 당신도 천국으로 오신 분이었다. 그 목사님은 능력이 없는 분도 아니었다. 자기가 떠나게 되면 세 노인의 생명을 잃기 때문에 섬을 떠나지 못한 것이었다. 한 영혼을 천하보다 귀하게 여기며 작은 섬에서 조용히 목회하시는 분이셨다. 작은 섬에서 사역하시는 목사님을 보고 깊은 생각에 빠졌다.

"천국의 가장 큰 면류관은 이름도 빛도 없이 풍토와 기후가 맞지 않는 나라에서 수고하시는 선교사 순교자들이겠구나!"라고 생각했다.

또한 천국의 키는 바로 회개였다. 교회에 성도가 한 명이고 천명이고 주님 앞에선 똑같은 것이었다. 일은 사람이 하는 게 아니라 주님께서 사람 그릇에 따라 통로로 사용하셔서 주님이 직접 일하시는 것이었다. 하늘에 상급은 성도가 많고 적은 것에 있는 것이 아니라 그 목회자 마음의 중심을 보시는 하나님이셨다. 깨닫고 나니 주님은 일의 양과 숫자 개념에 전혀 있지 아니하시고 그 사람의 마음속에 사랑만 보시는 것이었다. 일은 하나님이 하시는 것이지 사람이 하는 것이 아니기 때문이었다. 따라서 우리는 자랑할 것이 아무것도 없고 다만 주님께서 나를 통해 써주시는 것에 감사할 뿐이었다. 성도나 목회자나 물질 욕 명예욕과 음란 욕만 통과하면 영적인 삶에서는 그래도 성공한 셈이다. 믿노라면 서도 시기, 질투, 분노, 다툼, 순간적 음란 욕정들이 얼마나 많은가? 매일 저녁 잠자리에서 성찰하면서 회개해야만 할 것이다.

6. 천사 옷의 광채

"이제 보았느냐?"라고 주님은 내게 말씀하셨다.

"예, 주님!" 주님은 천사를 불러

"이 딸을, 지옥을 보여주도록 하여라!"

갑자기 한 천사가 곁에 나타났다. 천사의 옷은 백옥같이 하얀색이었고 그 빛과 광채는 찬란하며 눈이 부셨다. 천사는 나보다 약 3m가량 키가 컸으며 나는 마치 난쟁이와 같았다. 천사는 나를 번쩍 겨드랑이를 끌어안고 어느 높은 고지에서 아래로 내려오는 기분이었다. 마치 비행기가 육지로 착륙할 때와 같이 가슴이 철렁하는 기분이었다.

천국에 가보니 사람의 생각과 하나님의 생각은 정 반대편에서 계셨다. 우리는 많은 착각 속에서 남에게 속는 게 아니라 자신에게 속으며 살아가고 있었다. 가장 중요한 것은 말씀대로 순종하며 살아가는 것이다. 순교는 철저한 말씀 순종이다. 매일 회개 속에서 십자가에 옛 자아가 죽어야만 부활할 수 있다. 예수님은 우리의 죄를 담당하시고 구원받은 백성들에게 천국 가는 문을 활짝 열어 놓고 가신 것이었다.

제6부

지옥으로 들어가는 동굴

죽음이란? 또 하나의 시작인 것이었다. 사람은 죽으면 반드시 영계에서 심판이 있으며 그것은 영원히 죽지 않은 지옥과 천국의 두 길로 나누어지며 시간이 정지된 세계이었다. 나는 천국에서 천사에게 안기어 어느 큰 바위에 내려놓았다. 천사는 지옥 장에게 지시하며 명령하였다.

"여기에 서 있는 하나님의 자녀를 지옥의 세계를 보여주거라!"

하고 천사는 갑자기 간곳없이 사라져 버렸다. 마주 보이는 저 아래 커다란 동굴이 보였다. 그것은 터널이 아니라 들어가면 영원히 나오지 못하는 동굴로 느껴졌다. 동굴 문 앞에는 키가 큰 장성한 사람이 서 있었다. 그는 쇠로 된 지팡이를 들고 있었다. 지팡이 끝에는 깃봉이 있었다. 그는 지옥을 감당하는 지옥 수문장이었다. 천국에는 천 사장이 있었고 지옥에는 지옥 장이 있었다. 나는 지옥 장을 따라서 동굴로 들어가기 시작했다. 갑자기 칠흑같이 캄캄해 앞이 아무것도 보이질 않았다. 조금 지나니 앞이 보이며 점점 밝아오기 시작했다.

1. 유황불 구덩이

지옥의 밝음은 유황불의 밝음이었다. 한참 따라 들어가니 유황불이 부글부글 끓는 큰 구덩이가 보였다. 그 속에 사람들이 빠져있었다. 사람들은 너무나 고통스러워 나를 보고 살려달라고 손을 들고 소리소리 질렀으나 나는 그들을 살려줄 수가 없었다. 참으로 이상한 것은 유황불 속에 있는데도 사람들이 죽지를 않는다는 것이다. 사람의 형체는 이 세상 사람의 모습과 똑같았다. 보고 듣고 느끼고 눈, 코, 입, 귀 팔, 다리 몸이 있었다. 그러나 그 형체는 너무도 끔찍했다. 가장 무서운 것은 지옥에서는 죽지를 않는다는 것이 가장 무섭고 공포스러운 일이었다. 빨리 죽어야 고통에서 벗어날 수 있지 않겠는가! 하지만 영계의 세계는 죽고 싶어도 죽을 수가 없는 곳이었다. 만약 육의 세계에서 사람이 유황불에 던져졌다면 형체도 없이 바로 녹아서 없어지고 말 것이다. 지옥의 세계는 끓는 유황불 속에서 죽지도 않고 영원히 고통을 받으며 살아가야만 한다는 것이다. 이것을 어떻게 말로도 글로도 표현할 길이 없다. 인간이 상상할 수 없는 영원한 고통의 세계이다. 지옥 장에게 또 물었다.

"저 사람들은 저세상에서 도대체 무슨 죄를 지어서 저 끓는 유황불 속에서 영원히 고통을 받으면서 살아가야만 합니까?” 지옥 장은 “저 사람은 저세상에서 물질 욕심과 탐심이 참으로 많은 사람이었다.” 라고 말하였다.

“아, 불은 욕심을 상징하는 것이구나!”

인간의 욕심은 끝도 없는 것이다. 그렇다. 우리는 감사할 일을 찾아보면 너무나 많다. 남의 것을 탐하지 말며 주어진 환경에 감사하면서 적으면 적은 대로 돕고 살며 많으면 넉넉한 대로 어려운 사람들을 돕고 살자. 절대로 욕심부려서 지옥을 가서는 안 된다.

2. 가시 엉겅퀴 구덩이

유황불 구덩이를 지나 또 어느 만큼이나 지옥 장을 따라가니 거기는 무슨 우거진 어둠침침한 숲의 늪 같은 곳에 가시엉겅퀴가 있었다. 그 가시 엉겅퀴 속에 사람이 끼어있는 것이었다. 사람들이 너무 고통스러워 움직이면 움직일수록 가시에 찔리어 살이 찢기고 찢어져서 온몸이 피투성이가 되었다. 고통스러워 몸을 비틀 때마다 약 30cm가량 되는 가시에 여기저기 박혀 온몸이 살점이 뚝뚝 떨어져 찢겨나가 피가 범벅이 되어 흘리며 영원히 고통을 받고 살아가는 것이었다. 아, 너무도 끔찍스러웠다. 차라리 빨리 죽으면 얼마나 좋을까. 하지만 죽지 않는다는 것이 참담했다. 나는 또 지옥 장에게 물었다.

"지옥 장, 지옥 장! 저 사람들은 도대체 저세상에서 무슨 죄를 지었기에 저렇게 억센 가시 엉겅퀴 속에서 온몸을 찢겨가면서 영원히 죽지도 않고 살아가야만 합니까?"

"저 사람은 남에게 상처를 참으로 많이 준 사람이다."라고 말하였다.

"아, 남에게 상처를 주면, 지옥에서 저렇게 가시엉겅퀴 속에 찔림을 받으며 온몸이 살점이 떨어져 나가는 고통을 받고 살아가는 것이구나!"

참으로 끔찍한 지옥의 세계였다. 우리는 남에게 마음을 아프게 해주어서는 안 된다. 크리스천들은 희망을 주는 긍정적인 말을 해야 한다. 사람들은 얼마나 남에게 상처 주는 말을 서슴지 않고 하는가. 성찰하며 부지중에 알게 모르게 남에게 상처를 주고 고통을 주는 일은 없었는가, 회개해야만 한다. 행여나 우리는 상대방에게 위로해 준다는 것이 상처가 되는 일은 없었는지 항상 말조심해야 한다. 영성 훈련을 받을 때 원장님의 말씀이셨다.

"사람은 입만 벌리면 죄 덩어리 그저 입을 다물고 사는 것이 덜 죄를 짓고 사는 것입니다"라고 말씀하셨다.

"혀는 곧 불이요. 불의 세계라 혀는 우리 지체 중에서 온몸을 더럽히고 생의 바퀴를 불사르나니 그 사르는 것이 지옥 불에서 나느니라." (약 3:6)

말이란 사람을 죽이기도 하고 살리기도 한다. 말에 상처를 받아 평생을 가슴에 담고 살아가는 사람도 적지 않다. 세상 사람들을 바라보면 마치 지옥 가는 대행 연습하며 살아가는 것 같아 긴 한숨만 허공에 내뿜는다. 지옥과 천국은 정말로 있다. 믿고 싶지 않아도 믿어야만 한다. 하나님을 믿는 자나 믿지 않는 자나 성경을 꼭 읽어야 한다. 그것은 영혼의 아버지가 자녀들에게 주는 하늘에서 날아오는 편지이기 때문이다. 성경은 천국 가는 길과 지옥 가는 길을 안내하는 지도책이다. 성경이 어려우면 주석과 함께 읽으면 이해가 쉽다. 지옥은 절대로 가면 안 된다. 그 고통은 상상할 수 없다. 이 세상의 고통은 잠시 잠깐이지만 저세상의 고통은 시간이 없는 영원한 세계이기 때문이다.

성경 말씀으로 깊이 들어가면 내가 어디서 와서 지금 어느 위치에 있으며 앞으로, 어디로 가는지를 과거, 현재, 미래를 깨닫게 된다. 또한 유능한 사업가도 될 수 있으며, 훌륭한 의사도 될 수 있고 과학자도 될 수 있으므로 의술로도 고칠 수 없는 병도 고칠 수 있는 영적 의사도 될 수 있다. 우리 인생이 살아가는 지혜가 성경 속에 모두 있다. 그보다 중요한 것은 인류의 종말이 내일 온다 해도 모든 사람이 죽음을 두려워하는 그 죽음을 두려워하지 않는다. 또한 이 땅에서도 환경을 초월하여 마음에 천국을 이루며 살아갈 수도 있게 된다.

3. 똥물과 구더기가 끓는 구덩이

음란죄는 무서운 죄다. 인생에 있어서 가장 중요한 가정을 깨트리고 사회 모든 질서를 파괴하는 무서운 독버섯이다. 사람들은 죄가 죄인지도 모르며 양심이 화인 맞아 음란을 일삼으며 인생을 즐기며 살다가 가는 것이라고 한다. 그 죄가 얼마나 더러운 죄인지 이 글을 읽고 철저하게 회개하고 음란죄에서 돌아서기를 바란다. 이 글은 꾸며대는 소설이 아니다. 유체 이탈해서 직접 보고 체험한 사후세계에서 일어나는 일들을 토씨 하나 틀리지 아니하고 그대로 쓴 것이다. 지구촌 사람들에게 전하라고 내게 보여준 것이니 반드시 믿어야 한다.

가시 엉겅퀴를 벗어나 나는 지옥 장을 따라 어느 만큼이나 꼬불꼬불 한 미로와 같은 굴을 지나갔다. 또 큰 구덩이가 나왔다. 이곳은 똥물과 구더기가 끓는 아주 크고 넓은 구덩이였다. 이 속에도 사람들이 빠져있는 것이었다. 사람 몸의 구멍이 난 구멍에는 모두가 (눈, 코, 입, 귀, 항문, 질) 똥물과 구더기가 들어갔다 나왔다 하고 그 악취 나는 똥물과 구더기를 먹고 마시며 죽지도 않고 영원히 지옥에서 살아가는 것이었다. 우리가 사는 세상에서는 전혀 상상을 초월하는 세계였다. 너무 끔찍하고 더러워서 상세하게 글로 표현하며 쓸 수가 없다. 무엇보다 죽지를 않는다는 것이 제일 무서웠다. 저 악취 나는 구덩이에서 빠져나오지 못한 채 영원히 고통을 당하며 살아가야 한다는 것이다. 지금 글로 지옥의 일어나는 일들을 표현하는 것은 천만 분지의 일도, 아니 억만 분지의 일도 표현되지를 못한다. 똥물 속에 빠진 사람들은 지나가는 나를 보고 살려달라고 손을 흔들며 아우성치었지만 그들에게 아무것도 해줄 수가 없었다. 또 나는 지옥 장에게 물었다.

"지옥 장, 저들은 저세상에서 무슨 죄를 지었기에 저 악취 나는 똥물과 구더기를 먹고 마시며 살아가야만 합니까?" 지옥 장은

"저들은 저세상에서 음란죄를 지은 사람이다."

(지옥 장의 말투는 그렇게 친절한 말투는 아니었다. 어떤 그 누구의 높은 분의 명령과 지시에 따라 의무적으로 말해주는 말투였다. 그러면서 지옥장이 나에 대한 느낌은 함부로 할 수 없는 귀한 어린 소녀로 느껴지는 태도였다)

똥물 구더기의 구덩이를 보고 나는 생각하기를

"아, 음란죄가 세상에서 가장 더러운 죄이구나!"라고 생각하게 되었다.

하나님 말씀에 불순종한 여자와 남자의 성관계, 동성연애 결혼, 결혼 전에 성관계. 남편을 두고 다른 남자와 성관계, 아내를 두고 다른 여자와 성관계 친족과의 성관계, 성경에서 벗어난 성관계자들 모두 지옥에서 가장 더럽고 악취 나는 곳의 구더기와 똥물을 먹으며 살아가야 한다. 이렇게 주님의 말씀을 떠난 사람들은 이 끔찍한 지옥으로 오는 것을 모르고 얼마나 많은 사람이 향락에 빠져 술과 마약 음란죄를 짓고 살아가는가! 요즘에는 이혼율이 높아 서로

맞는지 안 맞는지 일 년을 살아보고 결혼하겠다고 하는 사람들도 있다. 어느 가정 이야기다. 딸은 교회 반주를 하므로 빨리 교회에 가야겠기에 정신없이 어질러 놓고 나가기에 바빴다. 그것을 본 아버지는 정리하고 나가라고 했다. 딸은 시간 없다고 그냥 나가려 했으나 화가 잔뜩 난 아버지는 소리를 높여 딸의 뺨을 때렸다. 딸은 울면서 아빠한테 대들었다.

"아빠는 간음죄인 야!" 간통하는 아버지를 알고 소리를 질렀다. 아버지는 딸에게

"내 인생은 내 인생이고 네 인생은 네 인생이야!" 서로 맞붙어 싸웠다.

어머니는 딸을 당장 무릎을 꿇고 아버지께 용서를 빌게 하였다. 딸은 무릎을 꿇고 울기만 했다. 엄마는 너무나 딸에게 미안했지만, 아버지의 가장 약점인 자존심을 상하게 하며 대드는 것은 옳지 않아 야단을 치었다. 이렇듯 한 가정의 가장은 자신의 잘못을 인식 못 한 체 그것이 아주 당연한 양 죄를 짓는 것이 벼슬처럼 여긴다. 부끄러움도 없고 죄의식도 없다. 이 얼마나 기가 막힐 노릇인가 그 자신의 모든 죄가 3, 4대까지 자녀들에게 돌아온다는 무서운 하나

님의 형벌을 모르는 것이다. 회개해도 죗값은 치러야 한다. 하나님 앞에서 죄를 피할 수는 없는 것이다. 자녀들은 열심히 살아가는데 왜 내가 고통을 받고 살아가야 하는지도 모르고 살아간다. 죄는 무서운 것이다. 자식 대로 이어져 가기 때문이다.

인간의 고귀하고 아름다운 성이 무너져가고 있다. 하나님의 창조 질서가 소돔과 고모라 시대와 같이 음란과 우상을 통해 점점 세상은 타락해 가고 있다. 어려서 어른들이 살아갔던 시절들을 비교해 보면 참으로 윤리와 도덕성이 무너지고 세상은 많이 타락해져 가고 있는 것을 보고 느낀다. 엄청난 죄를 밥 먹듯이 죄를 지어도 전혀 죄의식들이 없다. 양심들이 모두가 화인 맞은 사람들과 같이 살아간다. 말세에는 사람들이 이성을 잃은 짐승 화 되어간다고 하는 성경 말씀이 이루어져 가고 있다.

4. 독사들이 있는 뱀 구덩이

거짓말을 하는 사람들은 아주 습관화돼서 거짓말을 안 해도 되는 말까지도 거짓말을 하게 된다. 단호하게 거짓말 습관을 끊어버려야 한다. 사후세계에 독사뱀 굴로 떨어지지 않으려면 말이다.

똥물 구덩이를 지나 지옥 장을 따라서 또 어느 만큼이나 꼬불꼬불 구부러진 미로와 같은 길을 한참 지나갔다. 깊은 구덩이가 또 나왔다. 그곳은 독사들이 사는 뱀 구덩이였다. 그곳에 많은 사람이 빠져있었다. 뱀들이 모두 사람에게 달려들어 온몸을 챙 챙 감겨서 독을 품어대고 있었다. 사람들은 온몸 속에 독이 번져서 마치 지렁이가 꿈틀대듯이 울퉁불퉁해서 괴물의 형상으로 변해갔다. 도저히 상상할 수가 없다. 어떻게 말로 다 표현이 안 된다. 나는 또 지옥 장에게 물었다.

"지옥 장, 대체 저들은 저세상에서 또 무슨 죄를 지었기에 저 끔찍한 뱀 구덩이에서 독을 마시며 죽지도 않고 저렇게 영원히 고통을 받으며 살아가야만 합니까?" 지옥 장은 구덩이를 향해서 손으로 지적하며 말했다.

"저들은 저세상에서 남에게 거짓말과 이간질하고 사기 쳐서 많은 사람에게 재산을 갈취하고 억울하게 해를 끼친 자들이란다. 그래서 뱀의 혀가 두 개지"

뱀의 혀가 두 개라는 말에 그때 서야 뱀의 혀는 두 개로 갈라지는 것을 알았다. 그 뜻은 한 입으로 두말한다는 뜻이었다. 그리고 보면 성경 말씀은 비유만이 아니고 모두 그 문자 사실로도 느껴졌다. 하나님은 에덴동산에 모든 것은 먹되 중앙에 있는 선과 악을 구별하는 선악과는 따먹지 말라고 하셨다. 그러나 인간 최초의 타락은 뱀의 간교한 거짓말로 인하여 하와가 그 말을 듣고 아담과 함께 선악과를 따먹음으로 하여 죄를 짓게 되었다.

보지 말아야 할 것을 보았고, 가지 말아야 할 길을 갔으며, 듣지 말아야 할 말을 들었고, 먹지 말아야 할 것을 먹었다. 결국 사단의 유혹에 하나님에 대한 불순종으로 인한 죄를 짓게 되었다. 지금도 사람들은 이것들로 인하여 많은 죄를 짓고 살아간다. 죄에서 돌이키자, 천국을 가야 하지 않겠는가!

"뱀은 여호와 하나님이 지으신 들짐승 중에 가장 간교하니라 뱀이 여자에게 물어 이르되 하나님이 참으로 너희에게 동산 모든 나무의 열매를 먹지 말라 하시더냐"(창 3:1)

"여자가 뱀에게 말하되 동산 나무의 열매를 우리가 먹을 수 있으나 동산 중앙에 있는 나무의 열매는 하나님의 말씀에 너희는 먹지도 말고 만지지도 말라 너희가 죽을까 한다고 하셨느니라."(창 3:2-3)

"뱀이 여자에게 이르되 너희가 결코 죽지 아니하리라"(창 3:4)

"너희가 그것을 먹는 날에는 너희 눈이 밝아져 하나님과 같이 되어 선악을 알 줄 하나님이 아심이니라"(창 3:5)

"여자가 그 나무를 본즉 먹음직도 하고 보암직도 하고 지혜롭게 할 만큼 탐스럽기도 한 나무인지라 여자가 그 열매를 따 먹고 자기와 함께 남편에게 주매 그도 먹은지라"(창 3:6)

인간의 타락은 이렇게 아담과 하와로 인하여 사탄 뱀의 혀 거짓의 속임을 당함으로부터 말씀에 불순종으로 시작이 되었다. 옳고 그름을 판단하는 것은 하나님의 영역이다. 우리는 용서와 사랑뿐이다. 그 누구도 정죄와 판단을 해서는 안 되는 것이다. 정죄와 판단한다는 것은 아직도 선악과를 따먹는다는 뜻이다. 아담으로부터 타락한 거짓 마귀에게 속지 말아야 한다.

5. 시커먼 구렁이 구덩이

지옥에서 가장 큰 형벌은 첫째 계명에 "나 이외에 다른 신을 섬기지 말라"라는 우상 숭배자였다. 둘째는 하나님의 말씀을 팔아먹으며 하나님 자리에서 제왕 노릇을 하는 목회자들이었다.

나는 또 뱀 구덩이를 지나 지옥 장을 따라갔다. 이제 지옥의 마지막 구덩이라고 지옥 장은 나에게 말해주었다. 이 구덩이는 지옥에서 가장 큰 형벌을 받는 구덩이라고 하였다. 지금까지 본 중에서 가장 큰 구덩이가 나왔다. 그곳에는 아주 새까만 구렁이들이 몸통 두께와 길이는 상상을 초월하도록 굵고 길었다. 사람들은 뱀 구덩이에서 본 것처럼 사람들의 온몸을 구렁이들이 챙 챙 감고 있었다. 그러면 독이 사람의 몸속으로 들어가 괴물 형상으로 변해갔다. 너무도 징그럽고 끔찍한 구덩이였다. 그곳에 빠진 사람들이 너무 고통스러워 나를 보고 살려달라고 소리소리 질렀으나 나는 지옥에 있는 사람들을 어떻게 살려줄 수가 없었다. 손을 내미는 그들이 너무도 안타까웠다 얼굴의 형상과 온몸은 독으로 번져 썩고 부패한 냄새와 악취가 형용할 수 없으리만큼 독하였고 형상은 괴물과 같이 흉측스러운 모습이었다. 나는 또 물었다.

"지옥 장, 저들은 세상에서 무슨 죄를 지어서 저 끔찍한 구렁이 구덩이에서 살아가야만 합니까?" 지옥 장은 또 이렇게 말하였다.

"저들은 우상 숭배자들과 저세상에서 가장 큰 교회를 세운 훌륭한 목회자들이란다."

수많은 교회와 많은 영혼을 살리고 또한 수많은 선 교지를 세운 유명한 목사님이셨다. 언제나 부러움에 상대, 저 훌륭한 목사님은 얼마나 천국에서 큰 면류관을 받으실까? 하고 생각했던 목사님이 지옥에서 가장 큰 형벌을 받고 있었다. 도저히 이해가 가지를 않았다가 사후세계에는 이 세상에서 사람들이 생각하는 이성의 논리나 이론과 과학으로 증명할 수 없는 세계였다. 하나님의 생각과 사람의 생각은 항상 정반대 편에 계셨다. 지옥과 천국은 하나님과 1대 1의 관계요, 오직 그 사람의 깊은 삶은 하나님만이 아시는 것이었다. 우리 사람은 전혀 알 수 없는 일이었다. 절대로 우리의 입술로 정죄하거나 판단하면은 안 된다. 그것은 하나님만이 아시는 영역이기 때문이다. 나는 또 지옥 장에게 물었다.

"지옥 장, 하나님 아닌 다른 신을 섬기는 우상 숭배자들은 당연히 지옥을 가는 것이지만 저 목사님은 저세상에서 얼마나 많은 영혼들을 살리고 많은 교회도 짓고 선교 지역도 많이 세웠는데 어째서 지옥에서 가장 큰 형벌을 받아야만 합니까?"

지옥 장에게 또 물었다. 지옥 장은 나에게 마지막 떠날 때가 돼서 그런지 친절하게 말해주었다. (하나님으로부터 선택받은 귀한 어린 소녀로 알고 있는 것 같았다.)

"세상에서 저 훌륭한 목사들은 하나님의 말씀을 팔아먹은 자들이란다. 그들은 하나님 자리에서 마음껏 누리고 살았지, 하나님을 빙자하여 성도들의 재산을 갈취하여 자기의 배를 채운 자들이란다. 또한 성도들의 재산뿐만 아니라 음란을 일삼는 자들이지 그러나 세상 사람들은 전혀 모르지. 그러나 하늘에서는 다 내려다보고 지옥과 천국으로 보내는 생명책에 모두 기록이 되어있단다. 사진처럼 다 촬영이 되어있지. 이곳은 모든 사람의 행위대로 하늘나라에 와서 심판을 받는 것이란다."라고 지옥 장은 헤어질 시간이 되자 처음으로 친절하게 말해주었다.

구렁이 구덩이에서 처참하게 고통을 당하고 있는 그들을 보면서 정말 지옥은 절대로 와서는 안 된다. 죽지 않는 세계이기 때문이다. 마지막 지옥 구덩이를 보고 어느새 영혼은 육체 속으로 돌아와 깨어났다. 지옥에 있는 그들을 보니 영원히 지옥에서 살아가야 한다는 것이 끔찍했다. 그곳에서는 담담했는데 육체로 돌아오니 사지가 부들부들 떨리고 펑펑 울기 시작했다. 지옥에 있는 그들이 불쌍하고, 처참해서 울지 않을 수가 없었다. 하지만 사후세계 지옥에서는 육 신적인 감정 없었다. 당연한 것처럼 담담하기만 했다. 만약 육의 감정이 있다면 무서워서 들어가지도 못하고 볼 수도 없었을 것이다.

천국과 지옥은 분명히 있다. 왜 성경책이 그 많은 책 중에서 베스트셀러 1위로 지구촌에 모든 사람이 제일 많이 읽는가? 우리가 가야 할 이승의 길과 저승의 길을 알려주는 지도책이기 때문이다. 사람은 죽으면 흙으로 먼지처럼 사라져 없어져 버리는 것이 아니다. 짐승과 달리 영혼이 있기 때문이다.

모든 피조물 중에서 사람만이 하나님 형상을 닮게 창조하셨다.

짐승을 아무리 길들이고 가르쳐도 짐승들은 하나님 앞에 예배드리지는 못한다. 사람 외엔 영이 없기 때문이다. 사람의 본질은 육체 속에 보이지 않는 영 신격이 있으므로 신을 찾아다니는 것이다. 그것은 무아 속에 자기의 고향을 찾아가려는 본능적이다. 인간은 하나님을 떠나선 행복이란 없다. 하나님이 없는 사람 그들에게는 죽음이 두려운 것이다. 그러나 하나님과 동행하는 사람은 죽음을 무서워하지 않는다. 고통과 질병도 없고 슬픔도 외로움도 없는 기쁨과 평강만이 있는 곳 천국으로 가는 것을 확실하게 믿기 때문이다. 이 세상 보이는 그것은 잠깐이나 보이지 않는 세계는 영원한 것이다. 죽음은 또 하나의 세계로 가는 것이다. 사후세계는 시간이 정지된 곳이며 시작도 끝도 없는 세계이었다.

"예수님을 믿지 않는 자와 믿어도 거듭나지 않은 자는 한번 태어나 두 번 죽고, 믿음으로 거듭난 자는 두 번 태어나 한번 죽는다."

두 번 태어나 한번 죽는다는 뜻은 부모로부터 육신으로 태어나는 육체의 생명이 있고 하나님으로부터 성령으로 영이 태어나서 육체만 죽고 영은 살아서 천국에 간다는 뜻이다. 두 번 죽고 한 번 태어난다는 뜻은 부모로부터 육체로 한번 태어나고 성령으로 영은 태어나지를 못하여 육체도 죽고 영도 죽어 영혼이 지옥으로 떨어져 죽는다는 뜻이다.

제7부

남태평양 건너

제2의 삶 한국을 떠난다.

생각지도 못한 제2의 인생이 딸과 함께 미국에 있는 선교사 목사님을 따라 샌프란시스코를 거쳐 밴쿠버와 포틀랜드로 한국을 떠나게 된다.

삶 속에서 모든 고난과 시련은 나에게 항상 복의 근원이 되어 주었다. 또한 그 인생의 뜻하지 않은 파도타기를 통해서 육, 혼, 영이 성장할 수가 있었다.

1. 뜻하지 않은 돌풍을 몰고 온 선교사

남편의 회사 연대보증 부도로 인한 거센 태풍이 철저한 회개를 통하여 하나님의 은혜로 모두 정리가 되어 아파트를 정리하고 빌라로 이사 오게 되었다. 새롭게 시작하는 마음으로 계획을 세우는 중이었다. 뜬금없이 지난 뉴질랜드에서 만난 에녹 목사님이 미국에서 오셨다. 하지만 나는 반갑지 않았다. 목사님은 아내의 두 번의 정부로 인해 이혼하고 미국으로 떠났었다. 한국에 잠시 다니러 온 것 같다. 목사님은 우리 환경을 너무 잘 아신다. 사단은 상대방의 약점을 타고 들어와 정복한다. 따라서 영적으로 경계할 수밖에

없었다. 그런 나를 남편은

"당신 왜 목사님한테 그렇게 불친절해"하며 화를 냈다.

남편은 목사님 오신 것을 너무 좋아했다. 그것은 같은 계열에 어둠의 음란 영이 서로 흐른다는 것이기 때문이었다. 목사님 이혼 전에는 우리 가족과 서로 왕래하며 가깝게 지냈다. 하지만 지금은 상황이 다르기에 나에게 찾아오는 것을 원치 않았다. 며칠을 묵고 있는데 이튿날 남편은 목사님만 모시고 외출했다. 오전에 목사님과 함께 일찍 나갔는데 어두워져서야 들어왔다. 나에게 관계되는 목사님을 어떻게 나와 함께 나가지 않고 왜 목사님만 모시고 외출할까? 이해가 안 됐다. 현관문을 들어서면서 목사님은 나를 보며 웃으면서 들어오셨다. 남편은 곁눈질하며 내 눈치를 보는 듯했다. 약간 공기가 좀 이상한 느낌이 들었다. 목사님은 작은방 내 서재로 들어가셨다.

"이 전도사 나 좀 봐요" 나를 부르시었다.

나는 방으로 들어갔다. 목사님은 무엇이 좋으신지 싱글벙글 웃으면서 말씀하셨다.

“이 전도사 잘 들어봐, 요셉 아범이 내가 미국에 들어갈 때 아이들과 이 전도사를, 호적을 정리해서 데리고 가래”

“예? 미쳤나! 왜요?”

“그건 나도 모르지!”

너무나 기가 막혔다. 목사님은 나야 이 전도사가 있으면 목회에 도움이 돼서 좋다고 말씀하셨다고 하였다. 그리고 딸은 어차피 시집을 가면 호적을 떼어 가니까 괜찮지만, 아들은 하나밖에 없는데 호적을 떼 가면 안 된다고 했다고 한다. 나는 두 사람이 모두가 정상이 아니라고 생각했다. 자기 아내와 자식들의 호적을 떼서 미국으로 데려가라는 남편이나 좋다고 살고 있는 남의 아내와 남의 자식을 호적 정리를 해서 데려가겠다는 목사나 모두가 제정신들이 아닌 정신 나간 잘못된 사람들이라고 생각했다. 도대체 이 사람들은 어느 행성에서 온 외계인들일까?

2. 어머니와 스승을 찾아 상담

"32억 5천만 원을 말도 없이 회사에 연대보증서 부도나 일 저질러 놓은 것을 이제 겨우 정리해 놓으니, 이제는 떠돌이 선교사한테 아이들과 함께 딸려서 마누라를 시집을 보내? 이런 미친놈이, 제정신이 아니구먼!"

하도 기가 막혀서 그런 남편과 더는 대화를 하고 싶지도 않아 즉시 차를 몰고 88도로 질주하며 김포에 계신 어머니한테 달려가 상황이 야기를 들려 드렸다. 어머니는 대뜸

"아범이 여자가 있다. 목사님과 함께 떠나거라!"

어머니는 내 말이 끝나자마자 망설임도 없이 단번에 말씀하셨다. 어머니의 말씀을 듣고 집으로 돌아와 다음날 또다시 학창 시절에 교감 선생님이며 현재는 목회하고 계시는 스승을 찾아가 상담

하였다. 교감 선생님도 어머니와 똑같은 말씀을 하셨다.

"석자야, 에녹 목사님과 함께 미국으로 떠나가거라"

신학을 보내주신 중학교 교감 선생님이시며 목사님은 병중에서도 저에게 고기를 사주시겠다며 태능 갈비집에 왔다.
"석자야! 밖에 나오니 맑은 햇살이 참 좋구나!"
"네, 목사님! 바람도 안 불고 참 따뜻하네요"

하지만 나는 교감 선생님께 말씀드렸다. 그분은 아버지가 세 번을 결혼해 성장 과정이 안 좋다고 했다. 또한 아내가 두 번씩이나 정부 한 그것을 목격하고 이혼해서 상처가 너무 많아 부정적인 생각으로 가득 차서 목회자로서 부적절하다고 말씀드렸다. 교감선생은 안쓰러운 마음으로

"석자야, 일단 함께 떠나거라. 가서 함께 일하다가 정 아니다 싶으면 미친개한테 물렸다 치고 한국에 나와서 회개하고 다시 일을

시작하기로 하자."

마치 친정아버지와 같은 마음으로 아파하시면서 말씀해 주셨다. 또 신학교 동창 과테말라에서 선교하는 동기생 목사한테 찾아가 이야기를 나누어 보았다. 동창은 절대로 반대였다. 육 적인 사람과 영적인 사람이 같이 일을 못 한다는 것이었다. 나도 그 말이 정답이라고 생각했다. 나만식 목사는

"이 전도사 졸업논문을 보니까 목사 사명이니 목사 코스까지 더 공부해야 해. 더구나 기도원을 하려고 하면 사역자들 상대이기 때문에 더욱 공부해야만 해. 전도사 가지고는 안돼"라고 말했다. 과테말라 선교사 동기생이 가장 맞는 말이었다.

하지만 어쩔 수 없이 떠나야 할 것 같았다. 에녹 목사님이 나에게서 떨어져 나갈 것 같지도 않았다. 어머니와 교감 선생님께서도 함께 떠나라 하고 남편은 자기 아내를 자식들과 함께 호적을 입적해서 선교사 목사한테 미국을 데려가라니 이것은 도저히 사람이 하는 일이 아니라고 생각해 미국으로 떠나기로 마음을 먹고 결정을 지었다.

3. 제2의 인생 한국을 떠나다.

집으로 돌아와 서재 방으로 들어가 선교사 목사님께 말씀드렸다.

"목사님, 어머니도 교감 선생님 목사님도 함께 떠나래요."

턱을 고이고 창문 밖을 물끄러미 내다보시던 목사님은 갑자기 얼굴이 함박꽃 피듯 활짝 웃으시면서 좋아하셨다. 목사님은 재빨리 호적부터 자기 앞으로 딸과 나를 옮겨놓았다. 그래야 미국 비자가 나오기 때문이었다. 목사님은 함께 샌프란시스코에서 박사학위를 함께 공부하는 목사님께 전화를 걸어 한국 상황을 이야기했다. 목사님은 바로 호칭을 바꾸어 나에게 이렇게 말했다.

"당신이 전화를 받아봐, 미국에 있는 김 바울 목사님이 당신을 바꾸어 달래." 에녹 목사님은 아주 신바람이 났다.

샌프란시스코에서 박사학위를 함께 공부하던 바울 목사님이셨다. 전화로 대화를 나누니 바울 목사님은 성령으로 거듭난 것 같아 에녹 목사님보다는 대화가 통했다. 미국에 있는 바울 목사님은 에녹 목사를 만나게 한 것은 이 전도사님을 만나게 하신 이유인 것 같다면서 함께 미국에 들어와 팀 목을 하자고 권하셨다. 김 바울 목사님은 미국에서 20년을 사셨다고 했다. 미국에 들어오면 딸 학교 문제와 영주권 문제, 생활비, 거처할 집 문제를 모두 해결해 주겠다고 하였다.

'아! 이것은 하나님이 정말 하시는 일인가 보다' 하고 마음이 홀가분하고 안정이 되었다. 미국에 가서 안정되면 떨어트려 놓고 온 아들과 에녹 목사님 아들 둘을 모두 데려와 공부를 시켜 함께 사역해야겠다고 생각했다. 목사님 아들들이 너무 나를 따르고 마음에 들었기 때문이다. 내 아들과 목사님 두 아들도 모두 찬양을 잘한다. 딸은 피아노를 쳐서 목회에 모두 도움이 되었다. 성령이 하나만 된다면야 가족끼리 개척을 해도 부흥될 인물감들이었다. 에녹 목사님은 급히 나의 호적을 정리하고 비자를 내주시고 우리가 거처할 곳을 준비하러 먼저 미국으로 급히 떠나셨다.

푸들 강아지들이 문제였다. 딸은 강아지를 데려가야 한다고 난리다. 그럼 한 마리만 데려가자고 딸을 달래며 말하였다. 딸은 떨어트려 놓으면 우울증 걸린다고 강아지 모녀가 함께 살아야 한다고 펄펄 뛰고 난리다. 두 마리 예방접종을 시키고 짐을 챙기는데 남편은 이것저것 짐을 싸는데 도와주었다. 우린 김포공항으로 모두 나갔다. 짐을 가지고 공항에 들어가면서 남편에게 한마디 했다.

“분명히 말하지만, 에녹 목사님은 목회하기 힘들고 어려운 사람이야.”라고 말했다. 그러나 남편은

“하지만 당신이 잘하잖아” 하면서 나의 궁둥이를 두들기었다.

도대체 이해하기 어려운 사람이었다. 착한 아들이 치근하고 안쓰러웠다. 하지만 신앙이 좋아서 주님이 책임져 주시리라 믿는다. 푸들 강아지 초롱이와 유리는 따로 화물 비행기에 태우고 딸과 나는 트렁크를 끌고 아들과 남편을 바라보며 손을 흔들고 활주로 나와 샌프란시스코로 출발하는 비행기에 몸을 실었다. 비행기는 활주로로 달리며 높이 뜨기 시작했다. 구름 위로 올라오니 아래는 새털구름으로 하얗게 덥혔고 작은 창구멍으로는 태양이 눈부시게 비쳐 들어왔다.

제2의 인생은 한국을 떠나 남태평양 건너가 펼쳐진다. 모두 원치 않은 결혼을 두 번씩이나 하게 되었다. 도대체 하나님은 앞으로 어떻게 나를 펼쳐 나가시려 하는 것일까? 내가 할 수 있는 일은 아무것도 없으니 모두 하나님께 맡길 뿐이다.

4. 밴쿠버에서의 생활

밴쿠버는 비가 자주 와서 하늘이 맑아 쌍무지개가 자주 떴다. 밴쿠버와 포틀랜드의 자연은 너무도 아름다운 곳이었다. 어쩌다 거리엔 악사들이 연주하고 있었다. 제2의 인생이 처음으로 시작하는 곳이다.

벤쿠버 집 정원에서

오랜 시간 동안 구름을 해치며 하늘을 질주하다 드디어 딸과 샌프란시스코에 도착하였다. 공항은 여러 나라 인종으로 아주 번잡했다. 어디를 가나 중국인들은 많았다. 줄지어 돌아가는 트렁크를 한참 만에 찾아서 문을 열고 나오니 멀리서 두 목사님이 마중을 나와 있었다. 짐을 차에 싣고 다시 밴쿠버에 도착하여 우리가 살 아파트로 왔다. 이곳은 멕시코 사람들이 많이 사는 곳이었다. 바울 목사님은 강아지 두 마리나 데려와서 좀 언짢아하셨다. 좀 미안했다. 굉장히 깔끔한 성격이라 충분히 이해한다. 벽난로가 있는 거실은 넓고 안방은 컸다. 장은 모두 하얀 북 백이 장이었다. 미국은 집을 지을 때 옷장과 이불장을 함께 만든다. 그래서 이사를 할 때는 간편하다.

현관문을 들어서니 외국 관리인이 전기 수리하고 있었다. 들어서자마자 우리 목사님은 수리하는 관리인한테 소리소리 지르며 야단을 쳤다. 허락 없이 빈집에 들어온 것이며, 신발을 신고 들어와 일하고 있어서였다. 문화 차이였다. 미국엔 신발을 벗지 않고 카펫에 신발을 신고 다닌다. 아파트 관리인은 빈집이라도 와서 고장이 있으면 고쳐준다. 하지만 에녹 목사님은 그것이 허용 안 되는 것이었다. 그 모습을 본 바울 목사님은 첫날부터 우리 목사님을 마구 야단을 치셨다. 여기 문화가 그런 것을 이해하고 다음에는 주의해 달라고 하면 되지 그렇게 일하는 외국인 관리인한테 소리를 지르면 어떡하냐고 큰소리로 호통을 치셨다.

이제부터 영적 전쟁이 시작되는구나. 두 분을 보니 내가 화약을 품고 불 속을 뛰어든 것 같았다. 바울 목사님은 미국에서 주유소 일을 하면서 사모를 공부시켜 약사를 만들어 약국을 하고 있었다. 모든 생활을 사모가 다 해결해 나갔다. 두 분은 아주 똑똑하고 일 처리를 잘해 나가는 스타일들이었다. 우리 목사님이 문제다. 잘 협력하여 함께 일하면 좋겠지만 두 성품 들을 보니 첫날부터 어째 그림이 깨질 것 같은 느낌이 들었다. 바울 목사님도 완벽주의라 평범한 성격은 아니었다. 며칠을 지내는데 무엇인가? 삐거덕삐거덕 맞지를 않는 것 같다. 모든 생활을 책임을 지니까 나한테까지도 함부로 대하는 것 같아 안 되겠다 싶어 바울 목사님께 하루는 큰소리로 한바탕해 댔다. 꼴을 보면 못 참는 성격. 나도 성질 한가락 하는 성품이 아니던가! 성화 되려면 나도 많이 갈고 닦아야 한다.

"바울 목사님! 에녹 목사님 한 사람 섬기기도 벅찬데 바울 목사님까지 두 분을 제가 부족해서 도저히 섬길 수 없습니다. 저는 L. A 빌라델비아교회 K 목사님 교회로 떠나겠습니다."라고 말했다.

빌라델비아 K 목사님은 미국에서 유능한 영성이 깊은 목사님이셨다. 미국에서 최초에 한인협회의 회장님이셨다. 다음날 바울 목사님은 나에게 와서 무릎을 꿇고 용서를 빌며 떠나지 말고 함께 일하자고 간곡히 청했다. 갑자기 당황해서 바울 목사님 두 손을 잡고 일으켜 알겠다고 하며 빨리 일어서시라고 말했다. 그렇게 해서 오자마자 밴쿠버의 토주 대감 텃세 부리는 마귀 새끼 사탄들의 신고식은 끝났다.

5. 포틀랜드의 음산한 집

바울 목사님은 미국에서 20년이나 살고 계셨다고 하여서 미국에 오면 교회가 있는 줄 알았다. 하지만 교회는 없었다. 내가 오면 함께 개척교회를 세우실 계획이었다. 우리가 오자마자 교회 터를 알아보려고 포틀랜드와 밴쿠버 많은 지역을 알아보았다. 참으로 마을마다 동화에서 나오는 풍경같이 아름다웠다. 비가 자주 와 하늘이 맑으니, 무지개는 항상 볼 수 있었고 쌍무지개가 뜨는 것은 포틀랜드와 밴쿠버에 와서야 처음 보았다. 우린 함께 교회 터를 여러 곳을 보고 마지막 밴쿠버에 작은 두 채의 집을 보았다. 하나는 사택으로 하고 또 하나는 교회로 변경하면 될 것 같았다. 그러나 누군가 입찰하려는 사람이 있어서 저물기까지 우리는 그 두 집을 성경에서 나오는 여리고 성 돌듯이 일곱 바퀴를 돌며 우리에게 낙찰되게 해달라고 함께 간절히 기도하였다. 기도는 이루어졌다. 집을 계약하라고 연락이 왔다. 그러나 그날 저녁에 바울 목사님과 사모님은 둘이 포틀랜드에 가서 또 집을 보셨다. 밴쿠버에서 본 집보다 더 좋은 집이 너무 싸게 나와 포틀랜드에 있는 집을 단번에 계약하셨다고 하였다. 하지만 시내와 가까운 밴쿠버 두 채집은 참으로 좋은 터였다. 부동산으로도 교회로도 절대로 망할 수가 없는 터였다. 아쉽지만 하나님은 허락하지 않으셨다.

6. 회색 구렁이와 비단구렁이의 꿈

그 이튿날 바울 목사님은 사모와 함께 우리 주택에 오셔서 웃음을 지으시면서 포틀랜드 집을 서둘러 가보자고 하셨다. 사모가 운전하고 우린 함께 포틀랜드 초원으로 향해 달렸다. 오른편에는 호수를 끼고 우거진 가로수 길을 달리는 경치는 참 아름다웠다. 포틀랜드에서 가장 잘사는 마을이라 집들이 모두 크고 동화 속에서나 볼 수 있는 그림 같은 풍경들이었다. 멀리 보이는 막다른 산 밑에 하얀 이층집이 보였다. 그곳은 주위에 집이 없고 덩그러니 한 채만 있었다. 마치 별장과 같았다. 별장으로는 좋으나 교회로는 인적이 너무 없어 먼저 밴쿠버에서 본 장소보다는 많이 안 좋았다. 바울 목사님은 이곳 주택 마을이 앞으로 개발이 된다고 하였다. 개발하면 신작로에서 우리 집 들어가는 곳까지 정부에서 길을 만들어주기 때문에 돈을 들이지 않아도 길이 생겨서 너무 좋다고 하셨다. 바울 목사님은 교회 성전보다는 아름다운 육 신적인 집을 원하신 것이었고 개발한다니까 부동산 오를 물질을 생각했다. 그러나 왠지 멀리서 바라보이는 집이 나에게는 음산하게 느껴졌고 폐가로 보였다.

육신 적으로 보는 눈과 영적으로 보는 눈은 너무 달랐다. 길이 나지를 않아 오랫동안 방치해 풀숲을 헤치며 집까지 도착하여 안과 밖을 둘러보았다. 무엇인가 자꾸만 음산한 기운이 돌았다. 너무 좋아하시는 두 분께는 말을 차마 할 수가 없었다. 이 층을 올라가 보았다. 이층 다락방을 보니 기도하기가 좋아서 나에게 기도 방으로 쓰게 해달라고 했다. 이 집은 많은 기도가 필요했다. 사모와 목사님은 흔쾌히 승낙하였다. 포틀랜드 집을 다 둘러보고 에녹 목사님과 밴쿠버 우리 사는 주택으로 돌아왔다. 에녹 목사님께 말했다. 밴쿠버에서 본 집터가 훨씬 좋은데 포틀랜드 집은 교회 터로는 마음에 안 든다고 했다. 에녹 목사님은 지네들이 좋다는데 뭘 그러느냐고 탐탁지 않게 시기인지 자신의 무능함 때문인지 관심 없다는 듯이 퉁명스럽게 말을 던지셨다.

그날 밤 포틀랜드 집 꿈을 꾸었다. 집 들어가는 양쪽 입구 왼쪽에는 커다란 회색 구렁이가 꼿꼿하게 한 마리가 서 있었고, 오른쪽에는 아주 큰 비단구렁이가 돌돌 말아서 있는데 그 위에는 새끼 비단구렁이 한 마리가 돌돌 말아서 고개를 반짝 쳐들고 있었다. 그것은 세 사람의 인물들이다. 멀리 보이는 집 쪽에는 여러 사람이 발목에 노예처럼 쇠사슬에 묶여서 질질 끌고 그쪽 방향 산속으로 들어가는 모습들이 보였다. 나중에 나도 혼자 흰옷을 입고 따라 들어가는 모습이었다. 영적으로 무슨 꿈인지 빨리 알아차릴 수가 있었다. 포틀랜드 집수리로 들어가면서 다락방 기도실로 쓰라는 방은 갑자기 사모의 마음이 변하여 날 보고 지하실을 수리해 줄 테니 그곳을 쓰라고 하였다. 주님은 위에서 기도도 허락하시지 않은 것이었다. 지하실을 내려가 보았다. 아주 작은 창 하나가 있었다. 그러면 하늘이 한눈에 다 보이도록 창을 크게 만들어 달라고 하였다. 나는 하늘을 보며 두 손을 높이 들고 기도를 해야만 한다고 하였다.

"바울 목사님, 저는 하늘을, 보지를 못하면 숨 막혀 죽어요. 하늘을 보고 기도하거든요. 그래서 산 기도를 좋아합니다." 웃으며 말했다.

바울 목사님은 미안한 듯이 창문을 모두 크게 만들어주겠다고 했다. 한국에서도 살아보지도 못한 지하실 집을 미국에서 살아보게 된다고 하며 에녹 목사님을 쳐다보고 웃으며 말했다. 에녹 목사님도 나에게 미안해했다. 그다음 날 또 꿈을 꾸게 되었다. 날 보고 수리해 주겠다는 지하실에 뱀이 가득히 쌓였다. 마치 지옥에서 본 그런 뱀 구덩이와 똑같았다. 모두가 영적인 꿈이었다. 그래도 나는 놀라지 않았다. 어디서 그런 담대한 마음이 나오는지 아무런 걱정도 두려움도 없었다. 그것은 바로 하루에 6시간을 기도하면서 주님은 나와 함께 하신다는 확신과 믿음이었다. 왜냐하면 하나님께서 나를 지하실을 수리해서 쓰게 하신다면 저 가득히 쌓여있는 뱀을 다 치워주실 것이고 만약 지하실에 뱀이 그대로 남아있다면 하나님은 나를 다른 곳으로 보내신다는 확신과 믿음이었다.

에녹 목사님과 나는 매일 같이 포틀랜드 바울 목사님 집에 가서 함께 예배를 드리고 끝나면 텃밭을 만들었다. 애써 콩을 심어놓으면 자라기도 전에 산에서 토끼들과 고라니 여러 가지 짐승들이 내려와 다 뜯어 먹어버린다. 울타리 망을 쳐도 소용이 없었다. 그런데 산 밑에 숲이 무성하여 무엇인가 덮어져 있는 작은 건물이 보였다. 키가 높다랗게 자란 풀숲을 해치고 들어가 보았다. 나는 소리 소리 지르며 에녹 목사님을 불렀다.

“목사님, 목사님, 여기 무슨 이상한 건물이 있어요?” 에녹 목사님은 빠른 걸음으로 내 곁으로 달려오셨다.

“어라, 이동차 집이네. 저것들이 기도하는 다락방을 취소시켜 버렸으니 당신 기도실 하면 되겠네.”

목사님은 잘 됐다는 듯이 말했다. 집을 내놓아도 팔리지를 않아 아주 오래도록 가꾸지를 않아서 나의 키보다 더 크게 풀이 자라 이동찻집을 덮고 있었다. 우리는 우거진 풀숲을 헤치며 이동차 집 문을 열고 들어가 보았다. 세면대, 침대, 책상, 주방, 화장실, 모두 시설이 잘되어 있었다. 들어가자마자 책상 위에 두 권의 책이 나란히 놓여있었다. 또 큰 소리로 이 두 책이 무슨 책이냐고 목사님께 물었다. 목사님은 내 곁으로 가까이 다가와 보시고 하나는 성경책이고 하나는 몰몬교 이단 책이라고 하셨다. 모든 꿈이 이해가 갔다. 하지만 꿈은 아무에게도 말하지를 않았다.

들을 귀들이 없기 때문이었다. 사모는 지하실을 쓰라는 것이 나에게 미안했던지 가까운 곳에 아파트를 얻어 주겠다고 하였다. 하지만 나는 원치 않았다. 왜냐하면 팀 목은 오래가지 않아 깨지기 때문이었다. 에녹 목사님과 함께 목회를 못 할뿐더러 바울 목사님과 사모는 영적으로 교회를 할 만한 그릇이 안 되었다. 사람의 생각 잔머리들을 쓴다. 목회는 철저하게 마음을 비우고 자신이 생각을 버려야만 한다. 얼마 아니면 모든 환상 같은 꿈과 설계가 다 깨질 텐데, 깨지고 나면 아파트에 나가는 모든 경비며 나의 생활비는 전혀 책임을 지지 않을 것은 불 보듯 뻔한 일이기 때문이었다. 그래서 그냥 지하실을 수리하라고 했다. 결국 지하실을 4만 5천 불을 들여서 공사하기 시작했다.

7. 수맥이 흐르는 집

시작하자마자 공사는 바로 중단되었다. 공사를 할 수 없게 되었다. 수맥이 집 한가운데로 관통하였기 때문이다. 수맥이 있으면 그 물고를 밖으로 돌려내고 집을 지어야 하는데 그냥 집을 지은 것이다. 결국 그 집은 망해나가는 집이었다. 가슴 부풀게 산 포틀랜드 아름다운 그림 같은 집은 먹구름이 끼기 시작하여 결국 부동산과 싸움이 벌어져 법정까지 들어가게 생겼다. 하나님께서 개척하기 좋은 터를 기도해서 다른 사람의 손에 넘어가는 것을 빼앗아 우리에게 주셨는데, 욕심이 들어가 성전보다는 아름다운 주택이 더 마음에 들고 부동산 투기로 사고 말았으니 잘될 리가 없었다. 그리고 에녹 목사님은 영적으로 바울 목사가 맞지를 않아 너무나 스트레스를 받아서 힘들어하셨다. 에녹 목사님은 매일 같이 바울 목사님께 큰 소리로 야단만 맞는다. 그러면 집으로 들어와서 옷을 벗어 던지고

"영주권만 나와 봐라."

우리 목사님은 영주권이 목적이었다. 그러니 두 목사가 무엇이 될꼬! 우리 목사님은 자신이 능력이 없으니, 영주권만 생각하고 꾹꾹 참고 잘도 견디었다. 영주권이 무엇이 그리 중요한가! 모두가 주님 중심이 아니라 내 중심이었다. 주님이 필요하시면 필요한 것, 모두 주신다. 나는 주님께 모두 맡겼다.

8. 밴쿠버 장로교회

영적인 말씀을 먹지 못하니 너무 영혼이 숨 막힌다. 에녹 목사님께 허락을 받고 바울 목사님 몰래 밴쿠버 장로교회를 수요일 저녁마다 예배드리러 딸과 함께 다녔다. 밴쿠버에 목사님이 마음에 들어 조금은 숨통이 터졌다. 바울 목사님은 내가 어디를 움직이는 것을 좋아하시지를 않았다. 혹 다른 데로 갈까 봐 걱정돼서였다. 그런데 참으로 이상한 것은 타국에서 목회자들끼리 만나면 참 반갑고 서로 좋아할 줄 알았다. 그러나 영적으로 마음을 들여다보니 별로 반가워하는 기색이 없었다. 그 이유는 교회가 들어오면 성도들이 옮겨가 밥그릇이 나누어져서 그런 눈치였다. 충분히 이해가 간다. 그래서 나는 밴쿠버에 목사님께 신학교 때 썼던 '현대인을 위한 목회자 상'이라는 졸업논문을 읽고 돌려달라고 하였다. 드리고 싶었으나 한 권밖에 없었기 때문이었다.

"목사님, 염려하지 마세요. 우린 3개월이면 이곳을 떠나게 됩니다."

라고 밴쿠버 목사님께 말씀드렸다.

"오신 지 얼마 안 돼서 왜 떠나시죠?"

의아한 듯 내게 물었다. 주님께서 그렇게 말씀을 내게 주셨다고 하였다. 우리 목사님은 도미니크에서 선교하시다가 샌프란시스코에 와서 박사학위를 함께 공부하시던 목사님이 저에게 모든 비용은 책임져 줄 테니 함께 팀 목을 하자고 하여 이곳에 오게 되었다고 말씀드렸다. 밴쿠버 장로교회 목사님은 한편으로 마음이 놓이는 듯했다. 교회는 작으면서도 십자가 위에 하얀 천을 걸쳐놓은 것이 참으로 성스러워 보였다. 예수님 흰옷은 부활의 상징이었다. 목사님은 영적으로 깨끗해 보였고 전형적인 평범한 목회자였다. 모처럼 정상적인 목사다운 목사를 보니 숨을 쉴 것 같았다.

9. 성령님이 우시네요!

파란 하늘 위에 뭉게구름 꽃이 피어오른다. 아침 햇살이 비쳐오는 창밖에는 이른 봄 벚꽃들이 여기저기 활짝 피어 방글방글 웃으며 서로 이야기들을 나누고 있었다. 밴쿠버에는 한국보다 조금은 일찍 벚꽃이 피었다.

포틀랜드에서 약 15분 정도 떨어진 밴쿠버에 내가 사는 주택은 평화로운 정원이다. 딸은 유학 공부를 하기 위해 서류가 부족하여 보충 서류를 준비하러 다시 한국으로 나갔다. 우리 목사님은 포틀랜드에서 새로 장만한 바울 목사님의 주택 수리 일을 도와주시러 매일 출퇴근하셨다. 나는 하루에 6시간을 2시간씩 새벽, 점심, 저녁 그렇게 나누어서 기도하였다. 오늘도 두 무릎 꿇고 하늘 향해 두 손 높이 들어 기도하고 있었다. 창 너머 구름 사이로 빗겨 나와 눈부시게 들어오는 이른 봄 햇살을 받으며 주님의 사랑을 온몸으로 느꼈다.

"주님 사랑해요, 주님 사랑해요, 주님 감사해요, 주님 감사해요, 주님만 생각하면 너무 기쁘고 행복해요" 하늘로 기도를 올려 드렸다.

언어도 통하지 않은 남태평양 건너 머나먼 타국에서 성격장애 인에 무능한 목사님 만나 무엇이 그리 기쁘고, 감사하며 행복한지 두 눈에서는 한없이 눈물이 주르르 흘리며 주님의 사랑과 감사에 대한 기도만 올려 들였다. 그러나 현실로 보아서는 도무지 감사할 조건도 기뻐할 일도 없는 엄청난 사건과 현실이었다. 마치 깊은 늪과 같았고 벼랑 끝에 서 있는 어두운 함정과도 같았다. 그러나 주님과의 관계 속에서는 환경을 초월하고 황홀하기만 했다. 그것은 결코 세상이 주는 평안함이 아니었다. 하늘에서 새벽이슬처럼 내려오는 한없는 은혜의 기쁨과 행복이었다. 나는 주님에 대한 감사와 사랑에 넘쳐 눈물을 흘리며 기도하고 있었다. 그런데 어디선가 갑자기 흐느끼는 울음소리 같은 것이 들려왔다.

그냥 지나치고 기도만 드렸다. 그래도 자꾸만 또 울음소리가 들렸다. 한번 주위를 돌아다보고 조금은 이상했지만 심취되어 기도 중이라 사단의 방해로 알고 그냥 기도 계속 올려 들였다. 하지만 요번에도 세 번째 흐느끼는 울음소리가 점점 크게 들려왔다. 정신이 번쩍 들어 눈을 떠 주위를 둘러보았다. 침대를 바라보니 하얀 푸들 강아지가 귀엽게 꼬리를 흔들며 물끄러미 나를 바라보고만 있었다. 침대로 가까이가 얼른 이불을 들춰 보았다.

그러나 아무것도 없었다. 아파트 안에는 두 마리 강아지와 나뿐이었다. 갑자기 예상 서럽지 않은 느낌이 들면서 소름이 돋았다. 온몸에 무엇인가 전율을 느끼었다. 나는 조그맣게 낮은 목소리로

"아, 성령님이시구나!"

뒤늦게야 성령님이신 줄을 깨달았다. 바로 무릎을 꿇고 엎어져서 두 손으로 얼굴을 가리고 펑펑 울고 말았다.

"성령님, 성령님, 성령님이 왜 우세요?"

성령님을 향하여 대성통곡을 하며 울었다. 그때 성령님의 음성

이 들려왔다.

"사랑하는 딸아, 사랑하는 딸아, 내가 너에게 너무나 무거운 십자가를 지었구나!" 그러시면서 우시었다.

"아니 성령님 지금 나는 너무 감사하고 기뻐서 우는데 왜? 성령님은 왜 저를 향하여 슬퍼하며 우세요? 성령님, 성령님 나는 기뻐요, 나는 기뻐요. 성령님, 성령님 나는 감사해요, 나는 감사해요. 성령님, 성령님 나는 행복해요, 나는 행복해요"

소리소리 지르며 울면서 그렇게 기도를 올려 드렸다. 성령님은 나의 기도를 들으시고

"사랑하는 딸아, 사랑하는 딸아, 그러나 걱정하지 말라, 염려하지도 말라 두려워하지도 말아라! 항상 내가 너와 함께할 것이며 너를 도울 것이니라. 이곳에 너는 3개월이면 떠나게 될 것이니라. 그리고 바울 종은 단상에 세우지 않느니라. 너와 함께하는 에녹 종을 단상에 올려놓을 것이니라. 그러니 사랑하는 딸아, 염려하지 말고 평안하라 평안하라!"

성령님의 말씀이 도저히 이해가 가지를 않았다. 성령님께 물

었다.

"성령님 바울 종은 거듭났으나 에녹 종은 거듭나지를 않아 육신 적이요 세상 적이나이다. 그런데 어떻게 에녹 목사님을 단상에 세워주신다는 말씀이시니이까?"

성령님의 말씀이 도저히 이해되지를 않아 물었다. 항상 사람의 생각과 하나님의 생각은 정 반대편에 계셨다. 그다음부터는 말씀이 사라지고 주위가 조용해지었다. 깊은 묵상에 들어가며 성령님의 울음소리와 말씀을 주신 것에 대하여 생각하게 되었다. 해 질 무렵에야 우리 목사님은 들어오셨다. 피곤하셨던지 응접실 마루에 벌러덩 누어 양손을, 깍지를 끼고 머리에 베고 드러누우셨다. 목사님께 가까이 가서 빙그레 웃었다. 내가 왜 웃는지도 모르면서 나를 바라보며 싱긋이 웃으시면서

"이 사람이 왜 웃어?" 하고 한마디 던진다. 나는 목사님을 향하여

"당신 말이에요, 아버지가 단상에 세워주신대요. 바울 목사님은 안 세우시고 당신, 당신 말이에요."

목사님은 의아한 듯이 이 사람이 갑자기 무슨 뚱딴지같은 소리를 하느냐고 나를 힐끗 쳐다보셨다. 정말 성령님이 나에게 분명히 말씀을 주셨다고 했다. 목사님은 잠자코 무엇인가 깊이 생각하고 있다가 조금은 진실로 받아들이시는지 두 눈을 지그시 감고 입가에 미소가 번지며 빙그레 웃으셨다. 우리 인간으로서는 주님의 생각을 조금도 헤아릴 수가 없는 것이었다. 성령님의 울음소리를 다시금 되새기며 생각해 보았다. 그리고 예수님과 하나님과의 관계를 묵상해 보았다.

모진 채찍과 십자가를 지시고 골고다에 올라가 마지막 십자가에 매달려 양손에 못을 박고 머리에 가시관을 쓰시고 물과 피를 다 쏟으셨을 때 하나님께서 예수님을 바라보시며 얼마나 마음 아파하셨을 가에 대하여 생각을 해보았다. 하지만 모든 것은 하나님의 뜻이었고 아버지의 뜻을 이루고자 예수님은 인간들이 스스로 죄를 해결할 수 없는 죄를 해결하기 위하여 십자가를 지지 않으면 안 되었다. 그런 예수님을 바라보시는 아버지의 아픔에 대하여 생각하게 되었다. 점도 흠도 없으신 독생자 예수그리스도를 이 땅에 보내시어 십자가를 지우지 않으면 안 되었던 그 하나님의 마음을 읽을 수가 있었다.

그리고 사흘 만에 무덤에서 다시 살아나셔서 주님을 믿고 따르는 자녀들을 위하여 천국 문을 활짝 열어주시고 천국에 통로가 되어 주신 것이었다. 예수님은 길이요 진리요 생명이셨다. 성경 말씀이 온몸에 생명으로 들어와 뜨겁게 채워졌다. 성경은 일점일획도 틀림없는 살아 역사하시는 생명의 말씀이었다. 십자가에 못 박힐 때 예수님을 바라보셨던 하나님의 마음을 더욱 절실히 느껴지는 것은 나를 위하여 성령님이 우시는 것을 보고서야 하나님의 사랑이 더욱 실감 나게 체험으로 느껴지고 깨달아져 알게 되었다. 어떠한 환경 속에서도 주님의 손길을 놓지 않고 주님을 애절하게 찾는 자녀들에게는 반드시 악인의 손에서 건지시며 깊은 웅덩이에 빠졌을지라도 어디든지 찾아가 건져내시고 도우시는 사랑에 하나님이셨다. 이 얼마나 기가 막힌 축복인가!

우린 어떠한 역경에 처해있을지라도 환경을 탓하거나 사람을 원망하지 말고 다양한 삶 속에서 각자에게 주신 주님의 뜻을 깨달아야 한다. 사건만 바라보면, 어둠에 종이 되어 끌려갈 수밖에 없다. 그러나 예수님만 바라보면, 환경을 초월하고 아름답고 찬란한 은하계 빛의 길로 인도해 주신다.

일어나는 모든 환경과 사건 속에서 하나님의 음성을 들어야 하며 나를 향하여 말씀하시는 하나님의 깊은 뜻을 빨리 깨달아야 한다. 하나님을 깊이 알아가는 것은 신학을 연구하고 분석해서 지식으로 아는 것이 아니라. 주님을 찾는 자들에게 하나님께서 은혜로 거저 주셔서, 기도를 통하여 성령으로 그냥 알게 되고 저절로 깨달아지는 것이다. 영이 맑고 청명해야 한다. 영이 깨끗하지 않으면 어둠의 악령이 역사하기 때문이다. 거듭나면 이 두 영적 전쟁이 시작되기 때문에 말씀을 철저히 순종하고 말씀에 따라서 분별력을 가져야 한다.

많은 은사 자들이 성령으로 시작했다가 악령의 역사로 끝나는 불행한 일들이 많이 생긴다. 모두가 많은 기도를 하게 되면 다양한 은사와 능력이 생기기 때문에 초반에는 교만과 욕심에서 나온다. 보이지 않았던 것이 보이며 들리지 않았던 것이 들리고 알지 못하던 은밀한 비밀들이 깨달아 알게 되고 나니 다른 사람의 말을 경청하려 들지 않으며 나는 모두가 옳고 너는 틀리다. 라는 교만이 들어가기 때문이다. 보이고 들리니 목회자들과 교회들을 정죄하고 판단하게 된다. 그때부터 선과 악을 구별하는 선악과를 먹기 시작한다. 더욱 성장하여 깊이 알면 알수록, 주님과 가까이 가면 갈수록 말이 적어진다. 자신을 돌아보며 철저한 죄인이라는 것을 더욱 깨닫기에 정죄와 판단보다는 겸손과 모든 사람이 불쌍하고 긍휼한 마음을 갖게 된다.

밴쿠버에 생활이 시작되면서 나 자신이 무엇이 잘못됐는가? 성경책 한 권과 주석 두 권을 번갈아 보면서 창세기부터 요한계시록까지 깊이 생각하며 읽어 보았다. 말씀이 부족했다는 것을 깨달았다. 성경과 주석 책 세 권을 다 읽고 깨닫고 나니 그렇게 기쁠 수가 없어 거실에서 뛰며 덩실덩실 춤을 추었다. 성령의 춤은 이번이 두 번째 추는 춤이었다. 24살 때 하나님의 자녀라는 것을 깨달았을 때 황홀하고 기쁨이 충만해서 춤을 추었을 때였다. 춤을 추는 그런 나를 보고 에녹 목사님은 이해할 수 없다는 듯이 말한다.

"도대체 이 사람은 무엇이 좋아 덩실덩실 춤을 추고 난리야!"

눈먼 봉사가 어찌 볼 수 있으며 청각 장애가 어찌 들을 수가 있겠는가!

에녹 목사님은 과거에 피부 혈액암이 확산하여 폐암까지 전이되었었다. 한 달밖에 못사는 인생을 완전히 깨끗하게 고쳐주신 할렐루야 기도원 원장님이 뉴질랜드 기도원에서 말씀 중에 들었다. 그렇게 해서 목사가 된 기적 같은 생명이었다. 병원에서 못 고친다고 하여 할렐루야 기도원에서 완벽하게 성령 치료받았다. 체험의 신앙이라 믿음이 뜨겁고 확실하다. 하지만 말씀을 깨달아 거듭나지 않아 하나님을 만난 것이 아니기 때문에 영혼을 뜨겁게 사랑하는 마음이 부족하다. 하나님을 인격적으로 만난 것과 병을 고침, 받은 믿음과는 전혀 달랐다. 그와 같이 은사 자들이 성화되는 것은 아니었다. 성화는 말씀을 깨닫고 자신을 쳐서 복종시켜 자기 십자가를 지고 철저한 말씀 순종이었다. 에녹 목사님은 현재 환경이 안정되지를 않아 몹시 불안하여 마음이 편치가 않았다.

10. 밴쿠버 팀목 사역이 깨어짐

어느 날 한가로운 오후였다. 드디어 때가 왔다. 닥쳐올 것이 온 것이다. 바울 목사님께 전화가 왔다.

"전도사님, 너무 죄송하게 되었습니다. 도저히 에녹 목사님과는 함께 목회를 못 할 것 같습니다. 전도사님께는 약속을 못 지켜 드려서 너무나 볼 면목이 없게 되었습니다."

성령님께서 말씀도 주셨고 스스로 영적으로 알고는 있었지만, 막상 현실로 닥치고 보니 타국에서 황당하고 참으로 기가 막혔다.

"아뇨 목사님, 너무 저에게 미안해하실 것 없습니다. 이곳에 오게 하신 이도 하나님이시고, 이곳을 떠나보내시는 이도 하나님이십니다."라고 말씀드렸다.

바울 목사님은 믿음이 대단하다며 기도하시는 분이라 전도사님은 걱정이 안 되는데 에녹 목사가 참 문제라고 말하였다. 바울 목사님은 내가 떠나는 곳을 물으셨다.

"전도사님 여기서 떠나시면 어디로 가시는지요?"

"바울 목사님! 그것을 목사님인들 알겠습니까? 난들 알겠습니까? 오게 하신 이도 주님이시오. 보내시는 이도 주님이시니 또 앞으로의 모든 일도 주님이 하실 것입니다."

나의 일을 걱정하지 말라고 하였다. 바울 목사는 자기를 원망하거나 전혀 탓하지를 않는다고 고맙다며 죄송하다고 반복해서 말했다. 그러나 내가 갈 곳을 결정하기까지는 주택 전화를 끊지 말라고 청하였다. 바울 목사는 알겠다고 하시며 전화를 끊었다. 전화 수화기를 내려놓고 나는 땅이 꺼져라. 하고 한숨을 허공에 길게 몰아내쉬었다. 저 상처 많은 불쌍한 목사님을 어떻게 이끌어 갈 것인가 참 막막하고 한심했다. 기름 없는 차를 끌고 가려니 에녹 목사님 바라보는 내 꼴이 처량하기 그지없었다. 앞으로 벌어질 일들을 알고는 있었지만, 막상 닥치고 나니 청천벽력 같았다. 이웃집 동래로 이사 가는 것도 아니고 태평양 건너 이국 만 리 언어도 통하지 않는 타국에서, 딸 교육이고 주택이고 생활비며 모두 책임져 줄 테니 오라고 초청했는데 모든 것이 3개월 만에 깨진 것이었다.

나는 재빨리 L. A 계시는 빌라델비아교회 조천일 목사님을 찾아가려 마음을 먹었다. 일 년 전에 엠.버스 찬양단과 함께 순회공연할 때 마지막 한인교회였다. 그렇게 먹고 싶었던 김치 깍두기를 설렁탕집으로 단원들을 모두 데려가 푸짐하게 대접받았던 교회였다. 20일 넘도록 영의 양식도 굶주렸던 차에 영적 말씀도 풍성했었다. 그래서 목사님과 사진을 함께 찍고 명함을 받아 놓은 적이 있었다. 일단 영적으로 무엇인가 통하는 것이 있었기 때문이었다. 영이 흐르는 사람끼리는 서로 말이 없어도 멀리서 눈빛만 보아도 서로 영교가 흐른다.

한국에 아이들 아빠한테 전화했다. 어려서 가장 친하게 함께 지내던 남편 친구가 유타주에서 살고 있었다. 그래서 유타주에 들려서 L. A로 가려고 하였다. 그 친구는 아버지를 일찍 잃어 가정환경이 어려웠고 친구에 비하면 남편의 아버지는 구청에서 근무하시는 공직 생활이어서 안정된 생활이었다. 남편 친구는 고등학교를 졸업하고 취직이 안 되어 내게 일자리를 부탁한 적이 있었다. 극히 어려울 때 출판소에 취직을 시켜 준 적이 있었다. 그리고 출판소를 그만두고 은행에 취직이 되어 은행 직원과 결혼하여 미국에 와서 살게 된 것이다. 그 친구는 어려웠을 때 수입도 적은 출판소에 취직을 시켜 준 것을 내내 고마워하는 은혜를 아는 의리 있는 좋은 친구였다. 그 친구와 남편과의 성격은 너무나도 달랐다. 친구는 벌거벗겨서 사막에 던져놓아도 살아남을 생활 능력 있는 강한 정신력과 올바른 생각을 하는 반듯한 친구였다.

그 반면에 남편은 궁전에다 아무리 좋은 집, 좋은 옷을 입혀 놓아도 다 내동댕이치고 집 한 채 없이 떠돌아다닐 방랑벽이 있는 팔자였다. 올바른 사고를 하고 있지를 못했다. 능력으로는 도저히 들어갈 수도 없는 대기업 건설 회사를 어렵게 취업을 시켜 주어도 중동에서 사고만 내고 돌아와 진급 안 시켜 준다고 은혜를 배신하고 말없이 다시는 들어갈 수도 없는데 대기업 건설 회사를 나오는 사람이었다. 안정된 직장만 시켜 주면, 여기가 좋사오니다 하고 머리가 파 뿌리 될 때까지 꾸준히 성실하게 다닐 줄 알았다. 그것은 착각이었다. 사람은 가장 어려울 때 도와준 은혜를 잊으면 절대로 안 된다.

급히 한국에 있는 아이들 아빠한테 전화했다.

"세웅이 아빠 여기 밴쿠버에서 에녹 목사님 쫓겨나 떠나게 됐어. 빨리 당신 친구 유타주에 있는 용복이 전화번호 알려줘 유타주를 들려서 L. A로 가려고 해!" 한국에 있는 전 남편에게 전화했다.

에녹 목사님은 아이다호에서 성도가 차를 빌려준 승용차를 돌려줘야 한다고 했다. 나는 빌려준 승용차를 몰고 목사님과 함께 아이다호를 향하여 달렸다. 그 차는 아주 위험한 차였다. 핸들을 똑바로 잡고 운전하면 옆으로 게처럼 갔다. 사고로 핸들이 뒤틀린 것을(얼라인먼트) 바로 잡아 주지를 않은 것이다. 그래서 두 시 방향으로 핸들을 틀어 운전해야만 똑바로 가는 차였다. 잠깐이라도 정신을 놓다가는 천 길 낭떠러지로 떨어져 죽고 만다. 어둠의 영은 곳곳마다 웅덩이를 파놓고 나를 빠트리려 했다.

"그러나 어림도 없다. 이 악한 어둠의 영들아! 나는 우주의 만왕왕의 딸이니라!"

영의 세계가 깜깜인 소경이 언제나 옆에 있으니, 마음속으로 항상 그렇게 외치고 다녔다. 미국은 땅덩어리가 하도 커서 어느 한 주는 우리나라 남북을 합쳐야 한 주를 넘어가야 한다. 아이다호에 드디어 도착했다. 차주 성도는 아주 활달했다. 성도는 처음 본 나에게 상담을 요청했다. 성도와 상담 중인데 밴쿠버에서 딸에게 전화가 왔다.

"엄마! 밴쿠버 장로교회 목사님한테 전화 왔어, 떠나기 전에 엄마를 뵙고 싶다고 하셔" 떠난다니까 밴쿠버 장로교회 목사님이 전화하시는 것 같았다.

"떠날 준비에 바쁘다고 하여라!"

밴쿠버에서 딸에게 온 전화를 끊고 계속 상담해주고 있으니 에녹 목사님은 내가 못마땅했다. 가는 곳마다 사람들에게 인정을 받으니 은근히 시기 질투가 나시는 것 같았다.

"이 사람은 뭐 이렇게 항상 말이 많아"

하며 내게 신경질적으로 버럭 화를 내셨다. 성도는 대뜸 목사님을 향하여 쏘아붙였다.

"목사님! 사모님이 너무 답답하지 않고 영적으로 시원시원하시고 마음이 편하여 상담을 제가 청해서 받는데 왜 사모님 가지고 야단을 치세요?
목사님 위치라고 사모님께 함부로 하시면 안 되시죠!"

미국 사회에는 여성 상위시대라 한국 문화와 전혀 다르다. 한국처럼 남자가 가부장 식으로 아내한테 함부로 그랬다간 아주 천박하고 무식한 사람으로 취급받는다. 그 성도는 남편이 미국 사람이었다. 본적도 없고 초면인데도 무척 나를 따르고 좋아했다. 대찬 목소리로 말을 던지니 목사님은 한마디 말도 못 하셨다. 미국 사회는 상대를 의식하지 않고 자기의 의사를 곧바로 표현한다. 목사님은 내가 어디를 가나 인정받고 대접받는 것이 몹시 화가 나고 신경질이 나셨다. 나는 그것을 도대체 이해할 수가 없었다. 자기 아내가 모든 사람에게 인정받는 것이 왜 시기 질투가 날까? 자기 본처는 외간 남자와 두 번씩이나 정부 하는 것을 목격하여 이혼하였으면서 새롭게 영적인 부인을 만나 많은 도움을 받으며 사람들에게 인정받는 것이 왜 못마땅한가?

그것은 간단했다. 나를 이용하기 위한 목적밖에는 안 되는 것이었다. 진심으로 사랑이 아니기 때문이라고 생각했다. 그렇게 잠시 생각했으나 부정적인 생각을 긍정적인 생각으로 바꾸었다. 어려서부터 마음에 깊은 상처가 치유되지 않았기 때문에 일이라고 생각하고 싶었다. 그렇게 마음을 먹으니 다시 목사님을 바라보며 불쌍해졌다. 목사님은 아버지가 세 번을 결혼했고 결혼한 아내는 두 번씩이나 정부 하는 남자를 발각이 되어 결국 이혼하게 되었다. 그 때문에 의처증도 있고 여러 가지 복합된 상처로 인하여 일종의 성격장애 자라고 볼 수 있다. 연세대 정의 과를 다녔고 목소리가 좋고 인상이 좋아 외모로 보아서는 모두 목사님을 알 수가 없다. 그러나 3개월만 사귀고 나면 모두 돌아선다. 참으로 아까운 인물이었다. 하나님은 왜 나에게 감당하기 어려운 사람들만 보내실까 너무 힘들었다. 아이다호 성도에게 차를 돌려주고 목사님과 다시 밴쿠버로 돌아왔다. 이제 차도 없다. 한국에서 아이들 아빠한테서 친구 전화번호를 알려왔다. 전화번호를 받자마자 바로 유타주에 있는 친구에게 전화했다.

"용복아, 나야 옥경이 지금 밴쿠버에 와 있어. L. A 가는 길에 너한테 들려서 가려고 해, 미국에 온 김에 한번 보고 가려고 ……."친구는 깜짝 놀란다. (옥경 어려서 예명)

"밴쿠버? 어떻게 너는 오기 힘든 미국을 밥 먹듯이 왔다 갔다 하냐? 오면 나야 좋지, 주소 알려줄게."

하며 반갑게 주소를 알려주었다. 25년 만에 타국에서 목소리를 들으니 고향 친구가 너무 반가웠다.

11. 고마움을 잊지 못할 밴쿠버 목사님과 성도들

나는 전화를 끊고 짐을 바로 꾸리기 시작을 했다. 또 밴쿠버 장로교회 단임 목사님한테서 전화가 왔다고 딸이 전화를 들고 있었다. 목사님이 오늘 식사를 함께하자는 것이었다. 나는 딸에게

"바쁘다고 해, 그리고 엄마가 감사하다고 하고"

이삿짐을 꾸리느라 정신없어 계속 전화도 받지도 못하고 거절을 하니 밴쿠버 목사님은 아예 성도들과 함께 집으로 직접 방문하셨다. 깜짝 놀랐다. 설마 집까지 찾아오실 줄 몰랐다. 죄송한 마음으로 반갑게 맞아들였다. 신학교 졸업논문을 드리면서 한 권밖에 없어서 그것도 보고 돌려달라고 한 것밖에는 없었다. 아마 그 논문을 읽고 내용이 좋으셨던 것 같다. 논문을 보면 그 사람의 철학과 사상 인격을 알 수 있기 때문이다. 목사님은 어떻게 만나보지도 않고 그냥 떠나시려고 하냐고 너무 섭섭해하셨다. 처리할 일들이 많아서 그렇다고 밴쿠버 목사님께 너무 죄송하다고 말씀드렸다. 주님이 말씀을 주셔서 알고는 있었지만, 막상 현실로 닥치고 보니 너무 당황해 이일 저일 준비하느라 정신이 없었다고 사과를 드렸다. 목사님은 성경 책가방에서 하얀 봉투를 꺼내어 나에게 주셨다.

"목사님 이것이 무엇이에요?"

"네, 사모님 받아두세요. 우리 성도들이 조금씩 선교헌금을 걷은 것입니다. 차가 있으세요?"

"아뇨 차가 없어요."

목사님은 우리 교회 장로님이 중고차 매매센터 하는 분이 있다며 이 돈을 가지고 가서 제가 보냈다고 하면 알아서 좋은 차로 주실 거라고 하셨다.

아무것도 성도들과 목사님께 드린 것도 없고 한 일도 없는데 이렇게 큰 은혜를 베풀어 주셔서 죄송하고 너무나 감사하다고 인사를 드렸다. 밴쿠버 목사님은 성도들과 함께 나를 위하여 기도만 해 주시고 일에 방해가 될까 봐 서로 인사를 나누고 아쉬움을 남긴 채 돌아가셨다. 이것은 전적인 하나님의 은혜였다. 내가 평생 잊을 수 없는 고마운 목사님과 성도들이었다.

12. 불가능을 가능케 하시는 하나님
낡은 똥차로 대륙을 달리다.

에녹 목사님과 나는 중고차 매매센터에 가서 장로님한테서 차를 샀다. 그런데 승용차를 보니 너무나 기가 막혔다. 너무 오래된 작은 엑셀 폐차시켜야 할 차였다. 밴쿠버 단임 목사님은 이 돈을 가지고 가면 장로님께서 좋은 차를 알아서 주실 거라고 하였는데 한국에서는 폐차를 시켜도 이보다는 더 좋은 차들을 폐차시킨다. 과연 저 차를 가지고 몇 주를 넘어갈 수가 있을까에 대해 걱정스러웠다. 장로님께 물었다.

"장로님, 여기서 유타주를 가려면 몇 주를 넘어가야 합니다. 과연 오래된 엑셀 적은 차를 가지고 짐을 가득 싣고 벼랑 끝을 달리는 계곡과 높고 낮은 오르막길을 과연 저 낡은 차로 갈 수가 있을까요?"

"예 사모님, 충분히 가죠." 나는 기가 막혀 속으로 장로에게

"네 영혼도 이차와 같이 완전히 썩었구나, 천벌을 받을 놈!"

하고 한국에서도 타보지도 않던 폐차시킬 엑셀 똥차를 몰고 아파트로 돌아왔다.

(그러나 그것은 훗날 잘못된 생각이었다고 깨달았다. 하나님은 불가능을 가능하게 하려고 하나님이 직접 일하시는 것을 보여주시려고 똥차를 도구로 삼으신 것이었다. 나의 믿음을 성장시키기 위함이었다. 따라서 어떤 것도 부정적인 생각해서는 안 된다고 생각하게 되었다. 하지만 우리는 하나님의 악한 도구로 쓰임 받아서는 절대로 안 된다. 반드시 선한 도구로 쓰임 받아야 한다.)

조그만 차에 짐을 가득 실어, 짐 위에 하얀 귀여운 푸들 강아지 두 마리를 얹어 놓았다. 딸은 비행기를 타고 유타주에서 만나기로 했다. 함께 팀 몫을 하려던 바울 목사님은 고속도로 진입하는 방향

까지 에스코트해 주셨다. 사모는 나타나지도 않았다. 포틀랜드 집은 법정으로 들어가 돈만 들어가고 아주 골치 아프게 생겼다. 사람은 절대로 욕심을 부리면 안 된다는 하나님의 교훈이었다. 무엇을 택하든지 하나님이 원하시고 기뻐하시는 일을 우선순위로 택하여야 한다.

오래된 낡아빠진 엑셀 똥차를 끌고 밴쿠버를 떠나 달리기 시작했다. 시애틀을 거쳐 오리건주를 지나 아이다호에 있는 장로교회를 들러 하룻밤을 지내고 유타주까지 도착해야 한다. 그런데 이놈에 차가 달리다가 신호등만 걸리면 시동이 안 걸리는 것이었다. 식은땀이 등줄기에서 쭉쭉 난다. 뒤에서는 나 때문에 차가 줄줄이 밀린다. 그래도 미국에서는 클랙슨(Klaxon)을 누르지를 않는다. 영어도 할 줄 모르는 나는 참으로 암담했다. 그럴 때마다 기도로 하나님께만 매달리는 수밖에 없었다. 차를 두 손으로 두들기고 기도를 한다.

"이놈의 똥차야, 네가 여기서 이렇게 서면 어떻게 하냐! 나더러 어쩌라고? 주님, 도와주세요. 제발 나 좀 도와주세요. 저 때문에 뒤에 차가 많이 밀리고 있어요!" 그러면 이 똥차가 시동이 걸린다. 참 신기했다. 옆에 에녹 목사님께 물었다.

"목사님, 이차가 왜 이래요? 뭐가 원인일까요?"

"아마 배터리가 다 됐나 봐, 아이다호에 가서 알아보고 고치고 가자고"

운전도 못 하고 아무 도움이 안 되는 무능하고 답답한 목사 휴! 얼굴만 보면 숨통이 막힌다. 그래도 한국에 있을 때 뉴질랜드에서 나오자마자 운전면허증은 따라고 재촉해서 면허증은 따놓으셨다. 하지만 차가 없으니 실무 경험이 없어 운전을 맡길 수가 없었다.

오리건주를 지나가니 나무들이 모두 오래된 큰 고목이었다. 기둥이 모두가 초록색으로 물들였다. 한국은 나무 기둥이 갈색과 고동색으로 되어있지만, 오리건주는 비가 자주 와서 습기가 많아 몸통이 초록색 이끼로 덮여 파랗다. 예전에 화실에서 그림을 배울 때 서양화 풍경화를 보면 나무 기둥들이 왜? 모두 초록색인지 오리건주로 와서야 알게 되었다. 세계에서 가장 좋은 목제가 나오는 곳이 오리건주라고 한다. 미국은 100년 대기 목제로 쓸 목적으로 나무를 심는다고 한다. 우리나라와 같이 잔 나무가 없고 전부 다 나무키가 크고 몸통이 아주 굵다. 지나칠 때마다 차 창밖으로 내다보이는 대자연의 풍경은 하나님의 창조하심이 장엄하고도 경이로웠다.

오리건주를 거쳐 시애틀을 지나 아이다호를 향하여 끊임없이 질주한다. 계속 계곡을 끼고 달리며 보이는 경치는 영화에서나 볼 수 있었던 아름다운 풍경이었다. 초원을 지나면 어느 곳은 온통 황토색깔로 물들여진 풀 한 포기 없는 황야 함과 끝없는 곡선으로 구부러진 산 비탈길. 왼쪽 창가를 내려다보면 현기증이 나도록 천 길이나 되는 위험한 낭떠러지다. 사탄은 높은 계곡을 운전하다 여기서 떨어져 죽기를 바라고 똥차를 준 것 같다. 도저히 이 차 가지고는 오를 수 없는 높은 계곡이다. 왼쪽에는 어둠의 천사와 오른쪽에는 빛의 천사들이 함께한다. 빛과 어둠, 악과 선. 성령과 악령은 항상 동시에 함께 활동한다.

하나님은 우주의 만왕의 딸인 나와 함께 항상 곁에 계셔서 빛의 천사들을 통하여 똥차 네 바퀴를 아주 번쩍 들어 통쾌하게 잘도 달린다. 정말 불가능한 차였다. 높은 고지는 도저히 올라갈 수가 없는 차였다. 하지만 그런 것이 하나님 앞에서는 하나도 문제가 되지를 않았다. 지금 생각하면 아찔하다. 천지간에 나를 도울 자는 오직 하나님뿐이셨다. 어쩌다 높은 계곡을 지날 때면 사슴이 길가에 가로질러 불쌍하게 고개를 떨구어 쓰러져 죽어 있었다. 그때마다 사슴을 피해 비탈길 올라가면서 운전을 조심스럽게 하면 곁에서 에녹 목사님의 하는 말이다.

"어이구! 저걸 같다. 팔면 돈이 엄청 많을 텐데"

도대체가 우리 목사님과는 열이 뻗쳐 대화가 안 되었다. 그럴 때마다 나는

"주여!"

라고 긴 한숨만 땅이 꺼지라 하고 내리 쉬면서 앞만 보고 대륙을 끝없이 달린다. 긴 여행을 함께 달리던 붉은 태양은 점점 먼 산등선 위로 뉘엿뉘엿 넘어가기 시작했다. 마음이 조급해졌다. 먹을 것도 없는 벼랑 끝 계곡에서 잘 수는 없지 않은가! 어둑어둑 저녁이 되자 어느 만큼이나 정신없이 산 비탈길을 달려내려 오니 까마득히 저 – 멀리 마을이 보이기 시작했다.

"아! 마트다. 휴 살았다"

배고파 먹거리를 살 수 있어 안도의 숨을 쉬었다. 해가 저물어 더는 운전할 수가 없었다. 가다가 어두우면 계곡이든 벼랑 끝이든 공원이든 아무 데서나 차를 세워 비좁은 차 속에서 잠을 자고 그 이튿날 동이 터서야 운전해야만 했다. 한국 여행은 가는 곳곳마다 모텔이 있고 먹거리 식당들이 참 많다. 하지만 미국은 그렇지 않다. 황야 한 벌판과 초원과 계곡뿐이다. 그런 인적 없는 곳에 상점이 있으면 총살당하고 다 털린다고 한다. 미국은 모두 차에 먹거리를 싣

고 여행한다. 천 길이나 되는 낭떠러지 내리막길을 어느 만큼 달리다 보니 멀리서 푸른 공원이 보이기 시작했다.

"야호! 공원이다. 저기 공원에다 차를 세워놓고 자고 가면 되겠다."

주님은 또 잠을 잘 수 있는 쉴만한 공간을 주셨다. 나는 너무 반가웠다.

"목사님, 저기 공원이 보여요. 저기서 쉬었다 가요!" 좋아서 큰 소리로 떠들어 댔다.

"응, 그러자고 당신 수고했어."

목사님만 보면 숨 막히도록 답답하기도 하다가 때론 한없이 불쌍하게만 보인다. 미웠다 불쌍하기도 했다. 머릿속이 춤을 추며 만감이 교차하기도 한다. 날도 저물어지고 일단 공원에서 쉬었다 가기로 했다. 차에서 내려 먼저 강아지들을 밖에 풀어 산책을 시켰다. 유리와 초롱이는 지루했는지 좋다고 마음껏 공원을 이리저리 신나게 뛰어다닌다. 여기저기 오줌도 싸고 똥도 누우며 볼일들을 보느라 서로 바빴다.

"어이구 초롱아, 유리야, 굉장히 많이 참았구나! 엄마가 미안해 너희들 너무나 고생을 시켜서 이제 조금만 참으면 목적지까지 도착한단다."

두 마리의 강아지들을 양쪽 팔에 안아주면서 머리를 쓰다듬어 주었다. 목사님과 나는 마트에 가서 이것저것 먹거리를 사서 가지고 공원으로 왔다.

해 질 녘 이국 만 리 낯선 땅 공원 잔디에 돗자리를 깔고 유리와 초롱이 목사님과 그렇게 우린 함께 공원에서 저녁 식사하였다. 어두워지자 또 좁아터진 차에 들어와 모두 자기로 했다. 좌석을 뒤로 꺾으려 했으나 짐이 많아 뒤로 젖혀지지 않아서 그냥 쭈그리고 앉은 채로 자야만 했다. 밤하늘에 반짝이는 수많은 별들은 공원에 쏟아져 평화롭고 아름답기만 한데 나는 낡아빠진 작은 중고차 안에서 쭈그리고 밤을 지새워야 하는 처량한 내 모습이 마치 소설 속에 나오는 영화 한 장면이다. 몇 주를 혼자서 운전하고 달렸으니 매우 피곤했든지 불편함 없이 잠이 푹 들었다.

눈을 뜨고 보니 멀리 동쪽 산등선 위에는 어느새 빨갛게 물들어 둥근 해가 떠오르기 시작했다. 갈 길은 아직도 멀고 멀어 해가 뜨자마자 똥차를 끌고 또다시 새벽부터 달리기 시작했다. 영어는 하나도 모르며 운전대를 잡고 달리는데 목사님은 걱정도 없이 옆 좌석에서 쿨쿨 꿀잠만 잔다. 마치 사단이 나를 보고 즐기는 듯했다. 한번 길을 잘못 들어서서 다른 주로 넘어가게 되면, 한국 땅을 통째 넘어가야 할 길을 다시 돌이켜 질주해야만 한다. 그러면 유타주까지 몇 날 며칠이 걸릴지도 모른다. 영적 전쟁도 이런 전쟁은 없다.

(지금 생각해 보면 영어도 모르고 어떻게 지도도 없이 대륙 여러 주를 횡단하며 폐차를 끌고 운전했는지 참기가 막힐 노릇이다. 전폭적으로 주님이 하신 일들이었다.)

13. 아이다호에 도착

신기한 것은 사막처럼 황량한 길을 끝없이 달리는데 누가 알려주지 않아도 스스로 길을 잘 찾아 똥차는 잘도 달리기만 했다. 그것은 내가 운전을 잘해서 달리는 것이 아니다. 차가 하도 고물이라 위험하니 천사들이 하늘에서 내려와 네 바퀴를 번쩍 들어 주는 것이었다. 천사들도 나 때문에 힘들게 고생들 한다. 분명코 이것은 내가 운전하는 것이 아니었다. 도대체가 모두가 불가능한 일이었기 때문이다. 어쩌다가 이정표가 나오지만, 나에게는 그 이정표가 무용지물이었다. 영어를 모르니 내게는 이정표가 소용이 없었다. 그저 주님만 믿고 주여! 소리 지르며 무작정 무식하게 달려가는 것뿐이었다. 그러다가 너무 망막하면 목사님을 깨워 묻는다. 그래도 가끔은 두려운 마음도 먹기도 했다.

"언어도 통하지 않은 인적도 없는 이 사막과 같은 벌판에 만약 차가 서면 어떡하지?"

하는 공포와 두려움도 때론 있었다. 그러나 얼른 그런 마음들을 머릿속에서 내쫓았다.

"나에게 불안과 두려움을 갖다주는 어둠에 악한 영아! 나사렛예수의 이름으로 명하노니 내 머릿속에서 사라질지어다. 나는 만왕의 왕이신 창조주 하나님이 나의 아버지이시다. 나를 끊임없이 함정에 빠뜨리려는 악한 어둠의 영들아! 하나님 자녀의 권세로 명하노니 내게서 모두 떠나갈지어다!"

하고 선포하면 또 두려움이 사라져 버린다. 그러기를 아이다호에까지 도착했다. 아이고 이놈에 차가 목적지까지 와서 시동이 걸리지를 않는다. 아직도 갈 길은 먼데 앞이 캄캄하고 암담했다. 나는 또 차를 마구 두들기며

"야! 이 똥차야, 네가 여기서 서면 어떻게?" 아직도 갈 길은 멀어 차를 마구 두들겼다.

"주님! 차가 또 섰어요. 아버지, 아이다호에 계신 목사님 사택까지 도착하게 해주세요!" 그랬더니 또 시동이 걸렸다.

"어이구, 말 새끼도 아니고 두들기고 때리면 똥차가 또 가네?"

도대체 이해할 수 없는 안개 속과 같은 현실이었다. 또다시 아이다호에 계신 목사님 집 문 앞까지 도착하고 꼼짝도 안 하고 차가 시동이 꺼져버렸다. 천만다행이었다. 아이다호에 목사님 아들이 배터리를 갈아주었다. 아이다호에서 목회하시는 S 목사님은 한국에서 목회하실 때 우리 목사님을 부목으로 쓰셨던 분이셨다. 지나가는 길에 인사하고 들려 가려는 것이었다.

나는 혹시나 우리 목사님을 써주시지는 않나 싶어서였다. 하지만 별로 에녹 목사님은 어디를 가나 인정받고 대접받는 편이 못되었다. 아이다호에 장로교회 목사님을 보니 목회자로서 능력도 갖추고 괜찮아 보이셨다. 아이다호교회 담임 목사님께 말씀드려보았다.

"목사님! 에녹 목사님을 성가대 지휘자라도 시키면 안 될까요?"

"전도사님! 성가대 지휘자 그릇도 못돼요."라고 말씀하셨다.

'어휴!' 또 땅이 꺼지라고 한숨만 내리 쉬고 아이다호교회에서 하룻밤을 묵고 그다음 날 유타 주로 또 떠날 준비를 하였다. 아침 식사를 끝내고 아이다호에 성도들과 목사님 가족들과 작별 인사를 하였다. 가슴이 까맣게 타들어 가는 속도 모른 체 성도들은 나를 보며 모두 좋아하기만 했다. 마트를 크게 경영하는 성도 부부는 딸이 있으면 달라고 하였다. 제 딸은 아직 공부해야 한다니까 공부도 다 시켜 주고 따로 산림을 내줄 테니 자기 아들과 맺어달라고 청혼하는 것이었다. 모두 좋게 보아주니 참 감사하고 고마웠다.

아이다호에 담임목사님은 에녹 목사님과 함께하는 것이 내가 걱정스러운 듯이 치근 한 모습으로 나를 바라보았다. 나는 또 저 똥차를 끌고 불쌍한 우리 목사님과 함께 황량한 벌판과 산맥을 달릴 생각을 하니, 진정 이것이 현실인지 내 인생에 드라마와 같은 연출이다. 도대체 나를 목사를 만들려고 이 환난을 주시는 것인가?

주님의 속을 알 수가 없다. 선교사 동창은 논문을 보고 목회자 사명이라고 목회까지 공부해야 한다고 했지만, 목사까지는 정말 되고 싶지는 않았다. 과연 주님은 나를 어떻게 펼쳐 가실지…….

지금 나의 유일한 평안함과 위로가 되어 주는 것은 오직 두 마리의 푸들 강아지 초롱이와 유리뿐이었다. 딸 성화에 데려왔는데

"어이구, 저 귀염둥이들이 없었으면 나는 어찌했을꼬. 이때를 위해 주님께서 강아지까지 미국 비행기 표를 끊어 보내셨나 보다"

미국을 에녹 목사님을 쫓아와 보니 사막 한가운데 나는 벌거벗은 채로 던져져 모든 일을 스스로 해결해 나가야만 했다. 또 핸들을 잡고 달리기 시작했다. 거의 유타주에 도착하기 시작하면서 멀리서 보이는 까만 돌산들이 분위기가 어째 음산했다. 미국에 많은 곳을 다닌 중에서 유타주는 그렇게 아름답게 느껴지지는 않았다. 이곳은 이단 모르몬교 본부이다. 그래서 음산한 것일까? 그러나 로키산맥 정상 쪽으로 올라가면 또 딴 세상이다. 그 산꼭대기에 올라가 보면 정말 아름다운 마을이 별천지다. 마을은 푸른 초원으로 덥혀있고 산 정상에는 온통 하얀 눈으로 덮인 스키장이 펼쳐져 있어 설경 풍경이 장관이다.

14. 유타주의 평화로운 사역

고행의 머나먼 여행 끝에 드디어 보고 싶었던 고향 친구 유타주에 도착하였다. 친구는 아내와 함께 너무 반갑게 맞아주었다. 얼굴을 본 지가 20년이 넘어서 타국에서 만나보니 더욱 반가웠다. 용복이는 역시 어려서부터 본 느낀 대로 생활 철학과 사고의 능력이 반듯했다. 가정에 충실하면서 열심히 노력하여 경제적으로 부유하게 살고 있었다. 집도 두 채가 되었고 조그만 슈퍼마켓을 경영하고 있었다. 집도 서구식으로 크고 좋았다. 집이 높아서 내려다보이는 경치가 낮이나 밤이나 참 아름다웠다. 성실한 아내도 한국에서 본대로 참 마음에 들었다.

용복이와 함께 긴 이야기를 나누었다. 24살 때 천국과 지옥을 다녀온 간증과 결혼 생활 힘들게 살아온 것과 또 선교사 목사님과 함께 오게 된 동기도 밤이 새도록 지난 많은 일의 이야기를 들려주었다. 하지만 목사님에 대하여 단점들은 솔직하게 하나도 말하지 않았다. 도미니크에서 선교하시다가 한국에 나오셔 만나게 되었다고만 하였다. 용복이는 나의 모든 생활을 듣고 이혼한 남편에 대해서 화를 냈다. 남편과는 어려서 둘도 없는 친한 친구 사이였다. 그래서 나와 남편과의 사이는 가장 많이 아는 사이였다.

"자기가 그렇게 죽고 못 산다고 해서 맺어진 아내를 멀쩡한 사람을 정신병원에 넣지를 않나 선교사 목사님한테 아이들과 마누라를, 호적을 옮겨 미국으로 데려가라고 하지를 않나 그거 미친놈 아냐?" 그놈은 제정신이 아니라며 화를 벌컥 냈다.

"옥경아, 미국에는 3번씩 결혼을 해도 남의 사생활에 관심이 없으니 신경 쓰지 말아" 안쓰러운 표정으로 위로해 주었다.

마침, 자기 교회에 목사님이 한국에 나가시고 단상이 비어 있다고 했다. 목사는 아무 데서나 말씀 전하면 되지 않느냐며 L. A까지 갈 필요가 뭐 있냐고 했다. 유타주 교회에 취임 장로로 있는데 좀 다투고 나왔다며 에녹 목사님을 청빙하려면 그 교회에 다시 들어가서 회의해야 한다고 하였다. 자존심이 강한 친구가 다투고 나온 교회에 다시 들어간다는 것은 어려운 일이었다. 나 아니면 절대로 그 교회에 안 들어갈 모양이었다.

"주님이 용복이를 다시 교회로 들어가서 장로 사역을 감당하라고 하시려고 나를 보냈나?" 하고 속으로 생각했다.

하지만 마음속으로 용복이에게는 너무 미안했다. 목사님에 대하여 자세하게 말하지 않아서 행여나 친구를 난감하게 만들면 어떻게 하나 하는 염려가 되었다. 애쓰려는 마음에 정말 고마웠다. 잘하면 L. A까지 가지 않아도 될 것 같았다. 용복이와 함께하니 의지가 많이 될 것 같다. 그날 밤 목사님을 단단히 권면해 드려야겠다고 생각했다. 말을 들어주면 인정받지 못하는 집시 모양 떠돌던 목사가 단임 목사로 처음으로 돼 보는 거다. 참으로 공부한 두뇌와 선량하게 잘생긴 인물이 너무 아까웠다. 목사님께 잘하면 여기서 단임 목회로 정착할 수 있다고 말씀드렸다. 그러나 내 말을 꼭 들어달라고 하였다. 단상에 서서 말씀을 전하기 전에 생명에 양식 찬양을 한 곡 부르고, 기도할 때 대 예배는 방언 기도는 안 하는 것이지만 기도 중에 살짝 짧게 방언 기도를 집어넣어서 기도하라고 했다. 그러면 100% 성공할 수 있다고 말씀드렸다.

미국에는 그렇게 한국같이 은사 자가 많지 않다. 또한 주님께서 목사님께 특별한 찬양 은사를 주셨기 때문이었다. 설교 전에 찬양을 부르면 닫힌 마음이 열리고 성전을 은혜로 덮어 말씀도 생명으로 들리기 때문이다. 목사님은 알았다며 당신 말대로 하겠다고 하였다. 벼랑 끝이라 말을 들어수니 다행이었다. 목사는 인상이 좋고 목소리만 좋아도 70점은 따고 들어간다. 거기다 처음 보는 사람이라도 언변이 좋아 겉으로 보아서는 호감을 같게 하는 인상이었다. 하지만 3개월이면 무능함과 이상한 못된 성격이 들통이나 버린다. 목회자들 간에는 금방 알 수 있지만, 성도들은 일이 터져야 알 수 있지, 빨리 알아차리지는 못한다. 목사님은 상처로 인한 마음이 병든 성격장애 자이다.

한편으로는 너무 불쌍한 목사다. 용복이는 교회에 나가 회의를 하며 에녹 목사님의 상황 이야기를 하였더니 장로님과 성도들이 목사님 설교를 그러면 들어 보자고 하였다고 한다. 우린 모두 친구 차를 타고 교회에 갔다. 운명의 날이다. 피아노 반주 찬양이 끝나고 목사님 소개를 장로님이 하시었다.

"오늘 도미니크에서 선교하시던 청빈하고 훌륭한 목사님이 오셨습니다.”

“어이구 주여! 그러면 얼마나 좋을까?” 나는 긴 한숨이 나왔다.

목사님은 뚜벅뚜벅 강대상으로 올라가셨다.

“성도 여러분 참 반갑습니다.”

떠들썩했던 성전은 조용해지고 시선들이 모두 목사님을 ‘뚫어져라.’ 바라본다. 성도들에게 인사를 하고 목사님은 나의 말대로 먼저 생명의 양식 찬양을 부르고 기도할 때는 방언을 짧게 넣어서 기도하셨다. 찬양이 울려 퍼지자, 성전은 은혜로 가득히 넘쳤다. 드디어 합격해 성공적이었다. 밴쿠버에서 주님 주신 말씀이 이루어졌다. 사람은 할 수 없으나 하나님은 하신다. 그분은 없는 것도 있게 하시고 있는 것도 없앨 수 있는 창조자이시기 때문이다.

밴쿠버에서 6시간씩의 기도가 하나님은 긍휼히 여기신 것 같았다. 성도들은 대환영하며 우리 가족에게 모두 친절하게 대해주었다. 딸과 목사님과 나는 너무 기쁘고 주님께 감사했다. 일단 아파트를 구할 때까지 친구 집에 있기로 했다. 아침 식사는 간단히 토스트로 먹고 출근 들을 하였다. 밖에는 큰 나무 밑에 사우나 시설도 되어있어서 저녁이면 친구 아내와 함께 탕에 들어가 이야기를 나누며 휴식을 취하기도 했다.

용복이 친구는 딸이 하나 있었는데 총명하기도 하고 얼굴도 아주 예쁘고 명랑했다. 아나운서가 되려고 연습 중이었다. 아빠와도 사이가 참 좋았다. 아내와 딸과 아주 정답고 다복한 가정을 꾸려나가는 용복이를 보니 참으로 딸과 나의 모습이 비참하기 그지없었다. 어쩌다 만난 목사는 지구촌에 하나밖에 없는 무능한 성격장애자 목사를 만나 미국 땅에 불려와 아주 홍역을 치르고 있다. 목사님을 보면 얼마나 성장 과정과 환경이 무섭다는 것을 에녹 선교사님을 통해서 경험해 본다. 하지만 말씀을 깨닫고 성령으로 거듭나면 팔자도 바뀌고 운명도 바뀐다. 주님 안에 초자연으로 들어가게 되면 새 피조물로 바뀌게 된다. 성령이 역사하여 죄성 인간의 DNA는 빠져나가고 예수님의 DNA로 바뀌면 된다. 영성과 내적 치유 쪽으로 공부하게 되면 본질을 깨달아 빨리 회복될 수 있다. 하나님 안에서는 불가능이 없다.

아파트가 구해지자, 친구 집에서 짐을 꾸려서 앞으로 살아갈 아파트로 와서 짐을 풀었다. 이제야 마음이 안정되고 모처럼 정상적인 생활하게 되었다. 평화로운 마을이었다. 아파트 안에는 오락실도 휴게실도 있고 사우나 시설도 되어있었다. 교회 길도 알아야 할 테니 차를 몰고 길 연수를 했다. 교회 가는 오른쪽 길목엔 작은 섬

같은 호수와 공원을 지나서 가기 때문에 호수에 들려 오리들과 비둘기들에게 먹이도 주고 놀다가 온다. 모든 준비가 완벽하게 끝났다. 이제 마트에 가서 냉장고에 채울 먹을거리를 사러 가려니 차가 갑자기 시동이 걸리지를 않았다. '휴!' 천만다행이었다. 모두 정리 되었으니 한인 카센터를 불러 차를 점검했다. 카센터 사장은

"사모님, 이차는 못 쓰는 차예요"

"못쓰기는요. 이차 가지고 밴쿠버에서부터 여러 주를 거쳐서 이곳 유타주까지 왔는걸요. 가끔 차를 두들기고 때려가며 힘들게는 왔지만요. 무엇이 이상이 있는 거죠?"

"네? 밴쿠버에서 이곳까지 이차를 가지고요?" 카센터 사장은 너무 깜짝 놀란다.

밴쿠버에 한인 장로교회 목사님이 성도들의 선교헌금을 걷어 돈을 주셔서 그 교회 장로님 댁에 가서 차를 사면 좋은 차로 알아서 주신다기에 장로님 댁 중고 매매센터를 가서 중고차를 샀다고 했다. 그런데 너무나 차가 오래된 차라 마음이 불안하긴 해 중간에 애를 많이 먹었다고 하였다. 그때마다 기도하면 하나님께서 천사들을 보내 주셔서 네 바퀴를 천사들이 번쩍 들고 이곳 유타주까지 무사히 온 것이라고 말했다. 카센터 사장은 이차는 폐차시켜야 하

는 거라고 하였다. 도저히 탈 수 없는 차를 위험하게 그 먼 곳에서 여기까지 운전하고 온 것이라고 하면서 그 장로는 참 나쁜 사람이라고 말하였다. 폐차를 가지고 몇 주를 거쳐 이곳까지 왔다는 그것은 놀랍고 정말 하나님은 살아계시는가보다 라고 말하였다. 그는 목사님 가족이시니까 하나님이 돌봐 주신 것이라고 했다.

카센터 사장은 자기는 천주교인이라며 이곳은 목회 사역하기가 상당히 어렵고 힘든 곳이라고 한다. 모르몬교 본부이기 때문에 몰몬교가 이민자들의 취업과 영주권자들을 도와주어서 장악한다고 하였다. 교회가 하나가 쪼개져서 열두 교회가 된 곳이라 목사님들이 사역하기가 매우 어려운 곳이라고 말하였다. 그렇다. 지금 우리가 시무하게 되는 소망 교회도 둘로 쪼개져 나온 것이었다. 현재 소망 교회는 미국교회 세를 얻어서 미국인 성도가 오전 예배가 끝나야 우리가 2시 예배를 들어간다. 성도의 가구는 이십 가구가 된다. 쪼개신 것도 하나님이시다. 하나의 교회가 열두 교회가 되었으니 말이다. 카센터 사장은 폐차시키라고 돌아갔다. 나는 친구 전 장로한테 전화를 걸었다.

"전 장로! 차가 안 가서 고치려 하니까 폐차시키래. 못 고친다고."

"그럼 나 있는 데까지 끌고 올 수 있어? 그 차를 주고 중고차를 사면 좀 싸게 살 수가 있거든."

"아이고, 카센터에서도 못 고친다는 것을 내가 어떻게 시동을 걸어서 그 먼 곳까지 끌고 가"

"한 번 기도해 봐, 내가 잘 아는 중고차 매매하는 데가 있어서 그래!"

전 장로 친구와 전화를 끊고 멍청하게 차를 바라보며 한숨을 크게 하늘에다 내뿜었다. 또 하나님께 사정 이야기하며 말씀을 올려드렸다.

"아버지, 전 장로가 자기가 잘 알고 있는 중고차 매매센터까지 몰고 오래요. 그러면 중고 승용차 값을 빼주어서 조금은 싸게 살 수 있다고요."

차를 물끄러미 바라보며 처량스럽게 아버지께 말씀드렸다. 그랬더니 깊은 마음속에서

"딸아, 한번 운전해 보아라"

하는 음성이 들려왔다. 나는 너무 기뻐서 얼른 차에 올라탔다. 또 차를 두들기면서

"나는 우주의 만왕의 왕이신 창조주 하나님의 자녀다! 나사렛예수의 이름으로 명하노니 이 똥차야 시동이 걸릴지어다." 하고 선포하였다.

너무 신기하게 시동이 걸리기 시작했다. 참으로 말 새끼같이 두들기고 때릴 때마다 시동이 걸려 잘도 달린다. 아무리 생각해도 자꾸만 신기하기만 했다. 사실 하나님은 하나도 신기할 필요가 없고 당연하기만 한 것인데도 불구하고 계속 나만 혼자서 신기할 따름이었다. 이런 나의 모습을 보시고 위에서 아버지가 빙그레 웃기만 하고 계시는 것 같았다. 믿음이 부족한 나는 아버지께 죄송스러운 마음 갖게 되어, 또 말씀을 올려드렸다.

"아버지, 믿음이 적은 이 딸을 불쌍히 여기시고 긍휼히 여기어 주옵소서. 그렇게 수많은 기적 같은 일들을 내게 이루어 주셨는데도 불구하고 당연한 일을 자꾸만 신기하게만 느껴집니다. 아버지여, 저에게 믿음의 지경을 더욱 넓혀 주옵소서!"

아버지께 미안한 마음으로 마음속으로 기도를 올려드렸다. 마치

위에서 나를 내려다보시고 계속 웃기만 하고 계시는 것 같았다. 사실 나는 한 치 앞을 내다보지를 못하는 광야와 같은 이 현실 앞에서 불안하기 그지없었다. 친구 집에 가는 길은 하이외이(Highway) 길이라 신호등도 별로 없어서 그냥 달리기만 하면 된다. 드디어 친구가 있는 곳까지 도착하여 중고 매매센터에다 이놈에 지긋지긋한 똥차를 세워 두게 되었다. 그래도 오래된 중고차 값을 쳐주어서 차를 사는 데 조금은 도움이 되었다. 차 매매센터 사장은 좋은 차를 권해 줘서 골든 고급 승용차를 사게 되었다. 속도가 너무 빨라 초보자에게는 안 좋다. 하지만 나에게는 너무 좋았다. 차를 몰고 시험 운전을 해보니 어휴, 썩은 역마차를 끌다가 백마가 달리는 쌍 황금마차를 탄 기분이었다. 주님께 너무나 감사하기만 했다. 이제 좋은 차를 샀으니, 목사님과 함께 신방을 해야겠다고 생각했다. 하지만 목사님은 신방 하기 귀찮아하셨다.

"어이구, 주여!" 거듭나지를 못하니 영혼을 사랑하는 마음이 전혀 없다. 에녹 목사님은 마치 기름 없는 고장 난 차를 끌고 다니는 것과 같았다. 시한부 인생 암 말기를 하나님께서 고쳐주셔 체험의 믿음과 신앙은 확실한데, 말씀을 깨닫고 하나님을 인격적으로 만나는 것과는 달랐다. 성령으로 말씀을 깨닫고 하나님을 인격적으로 만나게 되면 공통 적으로 영혼을 뜨겁게 사랑하게 된다. 이 때문에 모든 것을 버리고 복음을 전하기 위하여 순교할 수 있는 것이다. 어찌했던 최선을 다하면서 함께 가는 데까지 가보는 거다.

또 하나님이 나를 이끌어 가실 테니까. 주님께 모든 일을 맡기고 주어진 현실에서만 믿음으로 최선을 다하는 것뿐이다. 내가 할 수 있는 것은 아무것도 없기 때문이다. 교회를 나오다가 그만둔 성도들 주소를 친구 전 장로에게 모두 적어달라고 하였다. 그리고 목사님과 신방을 함께 다니기 시작했다. 교회 실정은 한국이나 외국이나 다 마찬가지였다. 모두가 밖에서 상처받고 안 나오는 것이 아니라 교회 안에서 상처를 받아 나오지 않는 편이었다. 장로들도 교회를 나오다가 서로 의견이 안 맞아 다투고 그만두는 사람들이 많았다.

따라서 일반 목회 가지고는 안 된다. 영성 목회를 해서 상한 영혼의 뿌리부터 제거해 자아를 죽이는 훈련을 통하여 영을 성장시키는 목회를 해야만 한다. 그것은 목회자 자신부터 상처가 치유되고 영성이 덧입혀지기 전에는 절대로 성도는 성장할 수가 없다. 상처란 사람 모이는 곳에는 가정이나 사회나 교회 안이나 밖이나 어느 곳이나 모두 상처받을 수밖에 없는 이 세상이다. 그 상처를 회복하기 위해서 교회는 사람을 보지 말고 하나님만 바라보며 나와야 한다. 사람에게 위로나 상처를 치료받으려 하지 말고 말씀을 깨달아 하나님을 만나 직접 성령 치료를 받아야 한다. 사람과의 관계는 서로 사랑하고 용서하는 일밖에는 없는 것이다. 우리는 하나님으로부터 사랑을 받아 그 사랑을 이웃 사람들에게 나누어 주는 역할일 뿐이다. 타 종교는 나 중심이지만 기독교는 철저한 타자 중심인 것이다. 내가 죽어야만 살아 부활할 수가 있는 것이다. 그러나 평생 세상과 함께 살아온 자아를 죽이는 작업은 영성 훈련을 통해서 오랜 시간이 걸린다.

유타주 공원에서

나는 도시락을 준비해 가지고 공원에 가서 직접 딸을 운전 연수를 시키면서 면허증을 따게 하였다. 미국에서는 연수 수강료 값이 너무 비싸서 내가 직접 가르쳤다. 3개월 여행 비자를 6개월로 밴쿠버에서 연장했었다. 소망 교회 집사님은 종교 비자가 있어야 영주권이 빨리 나온다고 해서 우리 가족은 또다시 종교 비자로 유타주에서 다시 신청하였다. 생각보다 한 달 만에 종교 비자가 빨리 나왔다. 또 영주권을 신청하였는데 3개월 만에 나온다고 하였다. 모두가 불가능한 일이 쉽게 이루어져 가고 있다. 성도들은 우리 가족들을 무척 기쁘게 환영해 주었다. 에녹 목사님은 처음에는 어디를 가든지 목소리도 좋고 체격도 인상도 좋아서 모두 좋아한다. 그것이 끝까지 가면 얼마나 좋을까. 또 앞으로 얼마나 갈지는 모르겠지만 목사님이 대접받고 처음으로 인정받으며 좋아하시니 모처럼 행복하고 평화로운 유타주의 사역지었다.

밴쿠버에서 기도 중에 성령님이 말씀 주신 것이 이루어졌다. 남태평양 건너 언어도 통하지 않은 고난의 행군 속에서 아버지는 잠시 나에게 휴식을 취하게 해주셨다.

에필로그 (epilogue)

한 달 보름밖에 안 되었는데 주님은 기도 중에 3개월이면 다시 떠날 준비를 하라는 것이었다. 유타주에서도 결국엔 3개월 만에 목사님은 면직당하고 말았다. 또다시 유랑하는 보헤미안 목사님이 되었다. 외롭게 떠도는 별, 아무리 정착을 시켜 주려고 애를 써도 안 될 것 같다.

"아! 나는 여기까지인가 보다. 주님은 목사님을 도울 다음 천사를 또 보내주시겠지…. "

좋은 경험을 했으니 더는 복잡한 생각은 하지 않기로 했다. 나는 모든 일에 단순하고 긍정적이다.

L.A 빌라델비아교회로 가지 않았던 것이 천만다행한 일이었다. 에녹 목사님으로부터 나에 대한 신뢰감과 이미지만 흐려지고 L.A 훌륭한 목사님께 하마터면 누를 끼칠 뻔하였다. 이곳 유타주 소망 교회는 전 장로가 의견 충돌로 나갔다가 나를 통해서 다시 교회로 돌아오게 되었으니 참 잘된 일이었다. 용복이는 어디를

가나 정직하고 최선을 다하는 참신한 일꾼이기 때문이다. 주님께서 취임 전 장로를 나를 도구 삼아 교회로 끌어들이셨나 보다. 내가 떠나더라도 서로 한발씩 물러서면서 영성이 깊은 목사님 청빈하여 선의로 협력하여 교회를 잘 부흥되도록 이끌어 가기를 간절한 마음이다.

석양이 지도록 성전 마룻바닥에서 무릎을 꿇고, 십자가를 향하여 두 손을 높이 들어 방언 기도로 부르짖었다.

"아버지여 목회자의 길까지 가겠나이다. 사건과 환경을 통해서 하나님의 종으로 만들기 위하여 여러 형태의 목회자들을 보여주셨고 목회도 체험시켜 주셨습니다. 하지만 주님! 저는 너무 부족합니다. 제가 성직자가 되기 전에 저부터 온전한 사람을 만들어 주옵소서. 목회자다운 참된 영성 목회자가 되게 하옵소서. 따라서 가족부터 구원을 시켜 주옵소서. 내 가족과 형제도 구원을 못 시키는데 어찌 남을 구원시킬 수 있사옵니까"

고국에 나가서 더 공부하기로 마음을 단단히 먹었다. 하지만 여기저기서 한국에 나가지 말라고 난리법석들이다. 유타주 미국 침례교회에서는 교회를 무료로 빌려줄 테니 개척하라고 하였다.

L. A. 침례교회에서는 천7백 불씩 다달이 붙여주겠다고 하며

유타주 침례교회에서 개척을 하라고 하였다. 또 시무하고 있던 기존 교회에서도 전도사 가족이 모두 나와서 함께 도와주겠다고 따로 개척하자고 간곡히 나에게 부탁한다. 전도사 어머니 되는 권사님은 지금 한국에 나가면 영주권도 힘들고 미국에 다시 들어오기 힘들다고 했다. 마음은 고맙지만, 영주권 문제가 다 필요 없다고 했다. 필요하다면 주님이 다 해결해 주신다고 말했다. 나는 사람의 말보다 하나님의 뜻이 중요했다.

"나가서 못 들어오면 IMF로 한국은 지금 어려운 상태인데 나라와 민족을 위하여 기도하라고 하시는가 보다 하고 한국에서 일해야죠."

유타주 권사님 집에서

권사님은 나에게 사모님은 너무나 고지식하고 답답하다고 하였다. 전도사님과 권사님께 말씀드렸다. 사람의 생각으로는 그 길이 빠르고 지름길 같고, 때론 하나님의 생각이 답답하고 더딘 것 같으나 결과는 항상 하나님의 방법이 옳고, 승리한다고 하였다. 설혹 내가 유타주에서 개척한다고 해도 기존 소망 교회 성도는 한 명도 받지 않을 거라고 하였다. 더구나 전도사 가정은 경제적 능력이 있고 가족이 많았다. 명수도 얼마 안 되는 그나마 쪼개져서 분리된 교회에 성도들을 빼 와서 개척한다는 것은 절대로 안 되는 일이다. 그런 나를 권사님은 답답하다고 하시면서 헤어짐이 섭섭하여 눈물을 손수건으로 적시었다.

마음은 고마웠지만, 에녹 목사님과는 궁전 같은 교회를 준다고 하여도 육신 적으로는 함께 사역할 수 없는 분이었다. 이제 홀로서기로 더 공부해야만 했다. 나 자신도 은사만 가지고는 안 된다고 생각했다. 학문과 지식이 부족하면 은사는 교만해질 수도 있고 인정받고 물질이 들어오면 무서운 사단의 속임수 함정에 빠질 수 있기 때문이다. 성령으로 시작했다가 악령으로 변질되어 지옥으로 떨어져 가느니 차라리 은사 사역을 안 하는 편이 났다. 그것은 은사보다 말씀이 더 중요하기 때문이었다.

광복절 행사에서 만난 순복음 교회 부부 목사님이셨다. 그 두 분도 한국에 나가지 말고 함께 개척하자고 하였으나 모두 거절하였다. 순복음 교회 부부 목사님은 한국으로 돌아가겠다면 통합 측을 공부했으니, 사모님은 은사가 있으니 신학교 졸업논문을 조용기 목사님께 드리면 1년이면 목사 안수를 주실 것 같다고 하셨다. 큰 일꾼이니 작은 데로 가지 말고 꼭 조용기 목사님을 찾아가라고 당부하셨다. 그리고 공부를 마친 후 다시 미국에 들어와서 함께 팀 목을 하자고 하였다.

나는 모두 거절하고 한국에 나와 바로 주님이 인도하시는 데로 영성 훈련 3년 과정 중에 합동 측 목회학과 졸업 후 목사안수를 받고 바로 영성 목회자아카데미 신학 과정 논문을 쓰면서 2년 과정을 또 마쳤다. 영성학을 공부하면서 논문을 쓰자니 약 100권의 고전 영성 책을 들춰 보게 되었다. 영이 성장하는 데 많은 도움이 되었다. 나는 10년에 한 권의 책도 보는 사람이 아니었다. 그러나 영성 고전 책은 깊은 내면에 공감되는 것이 많아 손을 책에서 놓지 않고 심취되며 읽게 되었다. 계속 내적 치유와 영성 계통으로 공부하였다. 눈에 비늘이 벗겨지니 더욱 세상이 선명하게 보였다. 마치 영이 성장하는 과정은 양파가 껍질을 하나하나 벗겨 연한 새순이 나올 때까지였다.

사단의 정체를 알고 나니 이 세상은 치열한 영적 전쟁터이었다. 자아를 십자가에 못 박아 죽기까지 훈련 과정에 성장은 많은 세월이 필요했다. 미국에서 나오자마자 정신없이 사단의 절약과 내적 치유의 주제로 공부하기가 바빴다. 사역이 중요한 것이 아니라 내가 주님 앞에 온전하게 세워지는 것이 매우 중요했다. 잘못된 성직자들을 가는 곳곳마다 보았기 때문에 더욱 그러했다. 일부분은 목회하는 것이 아니라 지옥 가는 대행 연습 들을 하고 있었다.

공부를 마치고 계속 영성 세미나에 참석하면서 가정 목회를 하며 상담 사역 일하다가 다시 호주로 가게 되었다. 호주에서는 암 환자들을 위한 팀 목 활동이었다. 평신도나 목회자들이나 마음 하나가 되어서 가장 행복한 봉사 사역이었다. 그것은 환자들과 함께 바닷가 걷기 운동이었다. 하나님이 창조하신 대자연 속에서 예배드리는 것은 참으로 즐겁고 행복한 일이었다.

호주에서도 영주권이 나왔으나 딸은 한국에 나오기를 원하여 영주권을 포기하고 아쉬움을 남긴 체 또다시 고국으로 귀국하게 되었다. 귀국하자마자 합동총회에 들어가 총회장님께 목회 은퇴를 선언하고 아무 직책을 받지 않았다. 한국에 나와 뜻하지 않게 Jesus 119 구국기도 협의회 대표 주 녹자, 목사님 추천으로 (VIRGINIA CHRISTIAN UNIVERSITY) 명예 종교 교육학박사 학위를 받게 되었다. 이제 글로 인생을 마무리 작업을 해야겠기에 간증집을 쓰기 시작했다. 6.25 행사 때 축시 낭독을 통해 장로님 추천으로 시인대학 학장님을 소개받게 되었다. 또한 시인대학 학장님을 통해서 숭실대 시 쓰기와 시 낭송 콜라보 교육을 마친 후 스토리텔링(시 창작) 지도자 1급 자격증을 취득하게 되었다. 다시 영성 시를 쓰기 위하여 시인대학에 가서 시를 배운 뒤에 시 등단하게 되었고 다달이 월간지 시와 동인지를 해마다 출판하고 간증 1집을 출판하게 되었다.

간증 2집은 한 권의 긴 이야기들을 함축시켜 나누어 퍼즐을 맞추어서 글을 쓰려면 또 수필을 배워야 할 것 같았다. 코로나19 때문에 중단하다가 결국은 삼 년 공부 끝에 칠십이 넘어서야 수필 등단까지 마치게 되었다. 지금은 제2집 '무덤에서 핀 꽃' 간증집과 '추억의 보석 항아리' 영성 시집을 출판하려 도서실에서 장시간을 모두 보내고 있다. 내가 생각하고 계획한 것은 하나도 없었다. 하나님은 계속 내 생각과 정반대로 엉뚱한 길로만 인도하셨다. 물이 흘러가듯이 자연스럽게 인도하는 데로만 따라갔을 뿐이다. 다 늦게 목사가 되고 명예 종교학 박사가 되며 또한 시인이 되고 수필 작가가 되고 낭송가가 될 줄은 꿈에도 계획이 없었던 일들이다. 주님께 감사한 것은 시와 낭송과 수필 산문 글쓰기는 저물어가는 황혼길에서 외롭지 않은 아름다운 길동무가 되어 주었다. 글쓰기는 잊어버렸던 깊은 상처도 치유가 되었다.

※ 목사의 길을 가며 보람된 일이었다면

목사가 되면서 영성 공부 과정과 매일 성경을 통해 더욱 깊은 죄를 알아간다는 것은 나에게 있어서는 가장 큰 하늘의 축복이었다. 죄를 아는 것이 윤리나 도덕적인 면에서 아는 것이 아니라 영적으로 죄를 깊이 성령으로 깨달아져야 한다. 믿는 자나 믿지 않는 자나 많은 사람들이 죄가 죄인지 모르고 살아가기 때문이다. 하물며 성직자까지도 마찬가지다. 마지막 인생에 있어서 깨달은 것이 있다면 죄를 모르고 살아간다는 것이 가장 무서운 일이었다.

천국은 의로운 사람이 가는 것이 아니라 나는 죄인입니다. 철저하게 회개를 통하여 죄에서 돌아서는 사람이 천국에 가는 것이었다.

24살 때 유체 해탈을 하고 가보았던 천국은 예수를 믿고 '나는 죄인입니다'라고 심령으로 고백하며 회개하는 것이 천국의 열쇠였다. 예수를 믿지 않고 선한 일을 많이 하고 '나는 의로운 사람입니다. 난 이렇게 좋은 일을 많이 했습니다'가 아니었다. 우리 인간은 한 사람도 예수님 외엔 완전한 인간이 없기 때문이다. 사람에게 있어서 죄는 항상 문 앞에 엎드려 있었다. 그러므로 우리는 깨어서 기도하며 말씀을 붙잡고 살지 않으면 언제나 넘어질 수밖에 없는 연약한 인생이다.

또한 목사가 돼서 가장 기쁘고 보람된 일손을 꼽으라고 한다면 가족 구원이었다. 귀신들을 불러 상다리가 부러지게 차려놓고 그것에 절을 하고 제사를 지내던 것을 거두고 행사 때마다 형제들과 어머니를 모시고 가족이 모두 함께 예배드리는 그것이 나에게는 가장 큰 보람이었다. 도저히 불가능한 일이었기 때문이다. 목사님들은 한결같이 남은 구원을 시켜도 가족은 구원시키기가 너무 힘들고 어렵다고들 하였다. 알코올중독자인 셋째 오빠는 하나님을 믿어야 한다고 하면

셋째 오빠와 아들 영성훈련 수료 기념사진
뒤에 서있는 왼쪽 셋째 오빠와 오른쪽 아들도 직장 다니면서 야간을 수료했다. 셋째 오빠는 영성훈련받을 때 천국에 온 것 같다고 했다. 모두가 기적 같은 일이었다.

"야! 석자야, 하나님만 신이냐? 나는 힘들 때면 하늘에 신들을 모두 불러 도움을 청한다."

그러던 셋째 오빠는 술을 끊고 영성 훈련 3년 과정을 마치고 교회를 열심히 다녔다. 어쩌다 오빠 집에 가보면 영성 훈련에서 교육받던 테이프만 듣고 있었고 기독교 방송에서 나오는 말씀만 듣다가 천국에 갔다. 기적 같은 일이었다.

또 올케 따라 점 보고 굿하고 귀신만을 믿던 둘째 오빠였다.

"나더러 예수 믿으라는 년은 내 문지방도 들어서지 마라!"

철원 대한수도원 둘째 오빠

그러던 둘째 오빠는 동창회에서 부부 동반 산악회 갔다가 정상에 올라가 갑자기 올케언니는 세상을 떠났다. 그 뒤에 혼자가 된 오빠를 전도하여 교회를 열심히 나가 세례를 받게 되었다. 미국에 한동안 다녀와서 둘째 오빠를 만나보니 그 먼 순복음 교회를 혼자서 열심히 다니고 있었다. 어느 날은 성경책을 신문지에 싸서 가지고 나가길래 이상해서 물었다.

"오빠 왜 성경책을 신문지에 싸서 교회 가려고 해?

"응, 예식장에 들러서 교회 가려고. 내가 성경책을 들고 나가면 친구들이 놀래 기절들 할 거야 그래서…."

명절에 오빠와 함께 예배

나를 바라보며 빙그레 웃으며 말했다. 그다음 주에 당장 가죽 성경 가방을 사서 오빠에게 주었다. 지금은 나이 90세이다. 성경 한 권을 읽고 또다시 하루에 성경 7장씩 꼭 읽기 시작했다. 또한 많은 생활을 혼자 살면서 저축한 돈이 떨어지자, 생활에 너무 고민하여 오빠는 우울증에 걸렸다. 그러나 오빠는 우울증에 걸렸는지도 모른다. 나만 알고 아무에게도 말하지 않았다. 백일 작정 기도를 시켰다. 오빠는 그대로 순종하여 백일기도 끝나자마자 천국 갈 때까지 생활비 걱정 없이 하나님은 해결해 주셨다. 정말 성령님이 아니면 사람이 할 수 없는 일이었다. 둘째 오빠에게 고마운 것은 내 말을 잘 들어주었다. 하루는 오빠에게 물었다.

"오빠! 오빠는 내 말을 왜 잘 들어줘?"

"응, 네 말이 맞으니까!"

말이 맞는다고 들어주면 모두 천국 가겠다. 오빠에게 들을 귀를 열어주셨기 때문이다. 하나님은 오빠를 사랑하셨다.

하지만 여기엔 많은 기도와 물질적 헌신과 육체적, 정신적, 시간적인 투자가 필요했다. 한 영혼을 구원시키는데 그렇게 쉬운 일은 아니다. 반드시 기도와 헌신과 그리스도의 십자가 사랑 없이는 영혼의 생명을 살릴 수가 없는 것이다. 더욱 주님께 제일 감사한 것은 어머니다. 어려서 하도 극성스럽게 교회를 다닐 때면 어머니는 나의 성경책을 집어 던지시면서

"한집에 두신을 섬기면 집안이 망한다. 이년아!"

그러시던 어머니는 칠십 세에 개종하셔서 새벽 다섯 시면 읽으시

던 불경 책이 성경책으로 바뀌었다. 새벽이면 정결하게 몸을 씻으신다. 사드린 옥색 한복을 곱게 입으시고 새벽기도를 드린다. 성경책은 하루도 빠짐없이 읽으셨다. 성경을 구십 독을 가까이 읽으시고 성령으로 거듭나서 백육 세에 천국을 가신 것이 나에게 있어선 가장 큰 열매요, 그보다 더 기쁜 일은 없었다. 소천하시기 전날 점심 식사를 마친 후에 어머니는 나에게 말씀하셨다.

"이 목사야, 우리 예배드리자!"

이 사진은 어머니와 둘이서 마지막으로 임종 예배드리게 되었습니다.

어머니는 나와 함께 예배드리는 것을 가장 행복해하셨다. 말씀을 이해하기 쉽게 전해줘서 은혜가 된다고 하셨다. 하지만 어머니가 들을 귀가 열려있기 때문이지 아무리 쉽게 말씀을 전해도 들리지 않는 사람은 못 듣는다. 오늘 점심 식사 후 예배는 어머니와 마지막 임종 예배가 되었다.

"예 어머니"

준비 찬송을 함께 부르고 예배를 드렸다. 말씀은 천국에 대한 간증을 말씀해 드렸다.

"어머니 천국은 질병도 고통도 없고 외롭지도 고독하지도 않은 곳이에요. 은혜와 기쁨과 평강만이 넘치는 나라예요. 그곳을 가보니 이 세상에서는 볼 수 없는 아름다운 꽃들과 그 향기는 이루 말할 수 없이 그윽했어요. 천상의 음악도 은혜가 넘치고 기쁨이 충만했어요. 음악 소리를 들으면 마치 구름을 타고 둥실둥실 떠다니는 것 같았어요. 또한 천국은 이 세상처럼 병들고 노쇠한 모습으로 가는 것이 아니었어요, 영체로 바뀌어 천사와 같이 아름다운 모습으로 주님께 가는 거예요. 지금은 우리가 천사보다 조금 못하지만, 천국에 가면 우리는 하나님의 자녀이기 때문에 천사들은 우리를 돕는 종일 뿐이에요. 우리는 천국 가면 천사보다도 아름답고 더욱 귀한 존재예요. 하나님의 자녀 상속자이기 때문이죠."

간증을 들으시고 어머니의 모습은 너무도 평안하셨다. 그리고 그날 밤 새벽 2시에 임종할 무렵이었다.

"어머니 사랑해요, 정말 착하고 예쁘게 키워주셔서 너무 감사해요. 이제 평안히 가세요. 우리 천국에서 또 꼭 만나요."

어머니를 끌어안은 체 수없이 사랑한다는 말을 들으시고 평안히 스스로 눈을 감으셨다. 어머니께서 예수를 믿고 성령으로 거듭난 것만으로도 목사가 된 것을 보람을 느낀다. 수많은 사람들이 교회를 다녀도 거듭나는 것은 소수이기 때문이다. 하늘 위 생명책에 어머니의 이름이 기록되었다는 것만으로도 나에게 있어서 이렇게 행복한 일은 없다. 성령이 하나가 되니 어머니와 함께 있으면 백세가 넘으셔도 대화가 소통해 즐겁고 행복했었다. 이제 할 일을 마치고 나면 어서 빨리 어머니 곁으로 가고 싶다.

참으로 지금의 오기까지는 너무도 긴 여행길이었다. 더는 자녀들에게 붙들려 우상이 되고 싶지 않다. 자녀들은 하나님께 맡긴다. 앞으로 남은 생애의 길은 짧다. 아버지께서 나에게 깨닫고 가르치신 것 아낌없이 하나님께 영광을 위하여 드리고 그분의 품으로 돌아간다. 가장 힘들었던 것은 남편 구원이었다. 남편을 위해선 목숨을 걸었다.

"내가 저놈의 인간을 구원하지 못하면 영혼 구원 금식기도를 통해서 천국에 가고 말 거다."

하고 죽을 각오로 금식으로 들어갔다. 남편은 내가 대신 금식할 테니 금식을 그만 거두라고 통사정하며 말렸다. 설혹 당신과 헤어진다 해도 교회는 나갈 테니 제발 금식을 그만하라고 나를 보고 불안해하였다. 결국 물도 넘어가지를 않아 실신하여 남편 등에 업혀 병원 응급실에 실려 가게 되었다. 그리고 회복한 뒤에 함께 김국도 목사님 임마누엘 감리교회를 나가 남편은 세례를 받고 성서대학 과정을 마치고 성가대 위에까지 앉혀놓았다. 참으로 가족 구원은 이렇게 힘든 과정이었다. 또한 가족 외에 많은 일 가운데에 보람되고 인상에 남는 일들이 있었다.

"목사님, 목사님을 만나지 않았다면 자살해서 저는 지금쯤 지옥으로 떨어졌을 거예요." 자살을 기도하던 어느 기도원 주방에서 봉사하던 50대 성도였다.

"목사님 감사해요. 이제 저 다투지 않고 남편과 잘 지내고 있어요. 저의 찜질방 전라도에 꼭 놀러 오세요. 은혜를 갚아야죠!" 작심하고 집을 나와 이혼하려 했던 전라도에서 찜질방을 운영하는 젊은 성도였다.

"목사님, 이제는 정말 더는 못 참겠어요. 자식들도 다들 결혼해서 걸리는 것 없으니 이혼해야겠어요!" 단단히 마음먹고 이혼을 결심한 여목사님이었다.

"목사님, 여태껏 잘 참아 왔는데 앞으로 살날이 얼마 남지 않은 세월을 왜 죄를 짓고 하늘의 상급을 내동댕이치세요. 그 많은 세월을 참고 산 것은 천국 가면 모두 상급이 될 텐데요. 그동안 아픔을 견디며 살아온 모든 것들이 너무 억울 하잖아요. 목사님! 예수님의 십자가를 바라보면 못 참을 일 없고, 용서하지 못할 사람 없으며, 사랑하지 못할 사람 없어요."

지금까지 끊임없이 카톡방으로 안부를 전해 주는 나와 동갑내기 여목사님이다. 말들을 들어 보면 '당장 이혼하세요.'라고 하고 싶은 말이 때론 목구멍까지 차오르기도 한다. 하지만 그것은 나의 감정일 뿐이다. 말씀을 벗어난 육신적인 판단이다. 밤새도록 함께 하며 많은 이야기를 들어주었다. 상담자는 들어주는 것이 내담자에게는 치유가 되기 때문이다. K 여목사는 단단히 이혼을 마음먹고 나왔지만, 다시 집으로 돌아가 신앙 안에서 잘 참고 견디며 살아간다.

신학교 때 어느 날 추운 겨울이었다. 웬일로 존경하는 목회학 교수님께 전화가 왔다.

"이 전도사님 저의 교회가 불이 났어요. 하나도 건질 것 없이 모두 다 타버렸어요"

건물이 오래돼서 전기 누전이었다는 것이었다. 충격이었다. 너무 겸손하시고 이제 은퇴할 나이, 연세도 많고 청빈한 목사님이셨다. 어머니께 말씀드렸다.

"어머니! 연세가 많으신 목회학 교수님 교회가 불이 났데요. 하나도 건질 것 없이 모두 타버렸데요. 어쩌죠? 오십만 원을 봉투 해서 갖다 드릴까요?"

"어멈아, 어떻게 오십만 원을 드리느냐 백만 원은 같다. 드려야지"

"그럼, 다음 달 생활비는 어떡해요?"

"그거야, 하나님이 책임져 주시지."

난 강추위 속에서 기름을 아끼느라 휠 터를 켜지 않고 교수님 송우리에 있는 성전을 먼저 달려가 보았다. 완전히 교회가 새카맣게 모두 타버렸다. 숯덩어리가 되어버린 강대 상위에 건축헌금을 먼저 올려놓았다. 폐허가 된 성전에서 무릎을 꿇었다. 두 손을 높이 들고 부르짖어 울며 간절히 기도했다.

"우주 만물을 창조하시고 생사화복을 주장하시는 나의 하나님 아버지여!

무너진 성전을 보고 성도들이 시험 들지 않게 하옵소서. 주님께서 전보다 더욱 아름다운 성전을 지어주실 줄로 믿습니다."

하나도 남김없이 까맣게 타버린 성전에서 기도를 마치고 목사님 사택으로 달려가서 건축헌금 봉투를 교수님께 드렸다.

"교수님! 오래돼서 전기 누전으로 불이 났으니, 하나님께 너무 감사해요. 예배 중에도 아니고 성도들 인명피해가 한 명도 없으니, 말이어요. 주님께서 오래된 낡은 교회를 안전하게 아름다운 성전으로 새로 지어주시려고 태워버리신 것이에요. 그러니 얼마나 감사해요."

어떤 말을 해도 위로가 되지 않겠지만 그래도 교수님께 긍정적인 말로 위로해 드리고 집으로 돌아왔다. 얼마 후에 목회학 교수님께 전화가 왔다.

"이 전도사님 깜짝 놀랐어요! 건축 재료를 사려고 서랍 속에서 전도사님이 건축헌금을 주신 봉투를 늦게서야 꺼내 보았습니다. 형편을 알기에 십만 원 했겠지, 하고 보니 백만 원인 것이에요. 내가 잘못 세었나? 다시 세어보고 또 몇 번이고 세어보았답니다. 그

먼 곳에서 추운데도 기름값을 절약하느라 휠 터도 안 켜고 강추위에 한숨에 달려와 백만 원을 주시고 가서 주일예배 때 전도사님 건축헌금에 대해 성도들한테 말씀드렸어요. 그랬더니 성도들이 한마음이 되어 금반지, 금목걸이, 금귀걸이 패물들을 모두 성전에 바쳤어요. 그 패물이 얼마나 되겠어요. 중요한 것은 뜨거운 사랑으로 하나로 뭉쳐 시험이 들지 않았다는 것이죠. 전도사님의 건축헌금을 통해서 더욱 성도들이 단합되어 교회가 뜨거워졌습니다. 정말 감사합니다."

하나님은 나의 간절한 기도를 또 이루어 주신 것이다.

"목사님이 도대체 무슨 죄를 많이 지었기에 은퇴할 나이에 하나님은 성전을 남김없이 모두 불태워버렸을까?"

성도들이 그렇게 잘못 생각할까 봐 그것이 나는 가장 두렵고 걱정이 되었다. 그러나 정성스럽게 드려진 건축헌금을 통해서 성도들은 성령으로 한마음이 되었고 교회는 예전보다 편리하고 아름답게 짓게 되어 오히려 불이 난 후 더욱 부흥되었다. 너무도 하나님께 감사했다.

오래전 일이다. 사역 중에 가장 기억에서 사라지지 않는 다리를 못 쓰는 소아마비 어린 소녀였다. 해마다 후원금을 도와달라고 전화가 왔다. 몇 해를 계속 후원해 주었던 장애인 소녀다. 부모는 모두 미국으로 떠났다. 부모와 함께 미국으로 이민에 가지 않고 홀로 남아 살아가고 있었다. 소녀는 가고 싶어도 언어도 통하지 않고 인종도 다르며 거기다 다리까지 쓰지 못하는 장애인이라 자신이 없었다. 인종차별을 당하면서 장애인으로 무시를 당할까 봐 두렵고 무서워 부모님을 선 듯 따라나서지를 못한 것이었다. 그런 장애인 소녀에게 포기하지 않고 끝까지 달래며 설득했다.

"미국은 청교도들이 세운 기독교 국가라 장애인들을 위한 사회적인 배려와 사람들이 모두 친절해요. 복지가 한국보다 더 잘 되어 있어요. 버스를 타도 장애인들을 위해 휠체어를 탈 수 있도록 시설이 되어있어요. 운전사나 승객들도 아주 친절해요. 한국 같지 않아요. 가정에 장애인이 있으면 정부에서 차도 나오고 생활비도 나와 부모님께 폐 끼칠 일은 전혀 없어요. 그러니 혼자서 고생하지 말고 어서 미국으로 들어가요. 절대로 겁내지 말아요. 어디를 가나 하나님이 함께하세요. 부모님을 너무 걱정 끼쳐 드리는 것도 옳지 않아요."

끊임없이 설득하며 부모님 곁으로 가라고 권했다. 어느 날이었다. 장애인 소녀에게 갑자기 전화가 왔다.

"목사님 저 한국을 떠나기로 했어요. 오늘 저 떠나요. 김포공항이에요. 그동안 염려해 주시고 도와주셔서 감사합니다. 목사님도 건강하셔야 해요."

전화 받는 순간 울컥하며 눈물이 쏟아졌다. 기쁜 소식에 주님께 감사했다. 얼마쯤 있다가 미국에서 잘 지내고 있다고 소녀에게 또 안부 전화가 왔다.

"목사님 미국이에요. 너무 감사합니다. 목사님 말이 맞았어요. 여기는 저를 무시하지 않아요. 버스를 타나 길을 가도 모두 친절해요. 부모님도 내가 미국으로 들어오니 얼마나 좋아하시는지 몰라요. 목사님 잊을 수 없을 거예요. 목사님 정말 감사합니다. 목사님도 행복하시고 꼭 건강하세요!"

나는 그 소녀의 얼굴도 이름도 성도 모른다. 다만 전화 오면 긴 대화를 받아주고 이야기를 들어주며 통장으로 돈만 입금해 줄 뿐이었다. 죽어서 다시 태어난다 해도 나는 목사가 될 거다. 진정 남에게 행복을 준다는 것은 얼마나 기쁜 일인지 모른다. 모든 것은 하나님의 은혜였다. 내가 한 일은 하나도 없기 때문이다. 글을 써 나가니 주마등과 같이 머릿속에 스쳐 가는 세상 슬픈 일도 많았지만, 목사가 되고부터는 행복한 일들도 많았다. 이제 황혼의 끝자락에서 글로 남기고 떠날 준비를 한다. 그렇게 나는 죽음을 준비하기 위해서 마지막 글을 쓴다.

만약에 미국 영주권을 포기하지 않고 미국에서 있었다면, 또 호주에서 영주권을 포기하지 않고 그대로 호주에 있었다면 이렇게 고국에서 한가로이 마지막 글을 쓸 수가 있었겠는가! 한국에서의 많은 공부도 할 수가 없었을 것이다. 모두가 계획이 전혀 없었던 일이었고 나에게는 모든 것들이 불가능한 일이었다. 수많은 아픔과 고독한 나날들이 얼마나 주님께 감사한지 모른다. 책꽂이에는 지난날 여러 가지의 많은 수료증과 졸업장들이 수두룩하다. 앨범들을 보면 불타는 가슴으로 공부했던 그때 그 시절들도 참으로 행복했었다. 진정 우리 아버지가 최고다. 천지간에 인생들을 가장 잘 아시고 도우실 분은 오직 하나님 한 분뿐이시었다.

사람의 행복과 성공은 명예도 아니요. 부도 아니요. 권력도 정력도 아니다. 그것은 모두가 그림자를 쫓아가는 허상일 뿐이다. 결국 본질인 실체 속으로 들어오면 행복도 내가 만들어가는 것이요 불행도 내가 만들어가는 것이다. 기독교는 죽어야 산다. 나 중심이 아니라 철저한 타자 중심이다. 용서할 수 없는 칠흑과 같은 어둠의 삶 속에서 십자가의 향기로운 용서와 사랑으로 무덤에서 꽃을 피웠다. 참으로 고독하고 외로운 긴긴 여행길이었다.

지금 내 머리 위엔 하얀 뭉게구름 꽃이 피어오른다. 저 멀리서 바라다보이는 산등선 위에는 마지막 생을 노래하며 무지개 펼쳐진 노을이 아름답게 물들여져 간다.

– 노을 지는 가을 언덕에서 –

무덤에서 핀 꽃

태양은 다시 떠오른다!
이석자 목사 간증 2집

초판 인쇄 2026년 1월 1일
초판 발행 2026년 1월 7일

지은이 이석자
발행인 임수홍
편 집 맹신형
디자인 윤경숙

발행처 도서출판 국보
주 소 서울 강동구 양재대로 114길 32 2층
전 화 02-476-2757~8 **FAX** 02-475-2759
카 페 http://cafe.daum.net/lsh19577
E-mail kbmh11@hanmail.net

값 15,000원
ISBN 979-11-89214-99-9